W0171356

Helmut Böttiger

Celans
Zerrissenheit

Helmut Böttiger

Celans Zerrissenheit

*Ein jüdischer Dichter
und der deutsche Geist*

Galiani Berlin

Inhalt

Kapitel 1

Lesebuchreif

Die Rezeption der *Todesfuge*
und der Nachruhm

Paul Celan war ein Dichter und kein Heiliger. Er ist eines
der besten Beispiele dafür, wie sehr sich die öffentliche
Vorstellung einer Person von ihrer realen Biografie lösen
kann. Celan wird gemeinhin mit etwas Höherem verbunden, mit reiner Poesie und Sprachmagie, die das existenzielle Leiden transzendiert, und das prägt sein Bild bis
heute. Des Öfteren berief er sich programmatisch auf
Friedrich Hölderlin, mit dem er viele Gemeinsamkeiten
hatte. Dabei fällt unter anderem auf, dass beide Dichter
von äußerst entgegengesetzten Interessengruppen verein-
nahmt wurden. Hölderlin galt einerseits als Parteigänger
der Französischen Revolution, mit den radikalen Werten
von Freiheit, Gleichheit und Brüderlichkeit, andererseits
aber beanspruchten ihn deutsche Nationalisten als vaterländischen Sänger. Celan wiederum wird als ein hochpo-
litischer Geschichtszeuge gelesen, dessen Werk in ästhetisch konsequenter Weise den Zivilisationsbruch durch
die Nationalsozialisten aus jüdischer Perspektive thematisiert – aber gleichzeitig sehen viele in ihm einen deutschsprachigen Dichter, der am zeitlos ästhetisierten Ton eines
Stefan George oder Rainer Maria Rilke orientiert ist und

sich über die gemeine Alltagssprache und bloße Weltanschauungen erhebt. Solch unterschiedliche Zuweisungen entstehen offenbar besonders dann, wenn etwas Absolutes, Sphärisches, Überirdisches im Raum zu stehen scheint.

Je weniger man über Celan wusste, desto mehr wurde er zu einer Ikone. Doch je mehr man seitdem über Celans Leben erfahren hat, desto verwirrender werden die Versuche, ihm gerecht zu werden. Er bezeichnete sich selbst als einen Linken, manchmal sogar als einen Kommunisten, aber er verehrte Martin Heidegger, der anfangs ein fanatischer Parteigänger der Nationalsozialisten gewesen war, und suchte auch die Nähe zu Ernst Jünger und dessen völkisch-rechtem Umfeld. Diese Neigungen widersprechen offensichtlich dem Bild, das man sich von Celan am liebsten machen würde. Der Ehebriefwechsel mit seiner Frau Gisèle zeigt den Dichter als sensiblen, zärtlichen, die Familie als Halt und Anker empfindenden Ehemann, aber parallel dazu tauchen immer mehr Zeugnisse darüber auf, wie viele Geliebte er hatte und wie bohémienhaft-bindungslos sein Alltag sein konnte. Über seine psychische Erkrankung wurde lange geschwiegen, und über ihre Eigenarten weiß man immer noch wenig – einen ersten paranoiden Schub erlitt er Ende Dezember 1962, als er während der Skiferien Passanten angriff und auf der Heimreise im Zug seiner Frau ein gelbes Tuch vom Hals riss, weil es ihn an einen gelben Judenstern erinnerte.[1] Es liegt nahe, dass die Größe seines Werks, die einzigartige sprachliche Leistung seiner Gedichte viel mit diesen konkreten Lebensbedingungen zu tun hat, mit widersprüchlichen Momenten. Man kann ihm nur gerecht werden, wenn man diese ernst nimmt und ihn nicht zum unantastbaren mythischen Dichter stilisiert. Celan bezog sich immer wieder eindringlich auf die »Wirklichkeit« und wandte sich entschieden gegen rein sprachliche Operationen im luftleeren Raum, gegen »das Herumexperimentieren mit dem sogenannten Wortmaterial«.[2]

Nachdem Celan im April 1970 in seinem fünfzigsten Lebensjahr den Freitod in der Seine gesucht hatte, entstand um ihn in kürzester Zeit jedoch eine ganz eigene Aura. Unzählige wissenschaftliche Aufsätze, Dissertationen und Habilitationen erschienen über ihn, Celan avancierte innerhalb weniger Jahre zu einem der am häufigsten interpretierten Lyriker überhaupt, zu einer Paradedisziplin der Germanistik. Das hatte sicher sehr viel damit zu tun, dass er schwierig zu verstehen war und dass man über seine Biografie kaum etwas erfahren konnte: Er lud deshalb dazu ein, diverse wissenschaftliche Begriffsinstrumentarien an ihm auszuprobieren. Sein Leben erschien noch Jahrzehnte nach seinem Tod in ein geheimnisvolles Dunkel getaucht. Er stammte aus dem fernen, am östlichen Ende des ehemaligen Habsburgerreichs gelegenen und jüdisch geprägten Czernowitz, einer Vielvölkerstadt, die nach dem Massenmord der Nationalsozialisten an den Juden und nach dem Zweiten Weltkrieg der »Geschichtslosigkeit anheimgefallen« war, wie es Celan in einer seiner seltenen öffentlichen Äußerungen formuliert hatte.[3] Das Czernowitzer Lebensgefühl und die dort vermittelten Haltungen konnten kaum mehr nachvollzogen werden. An ihre Stelle trat ein magischer Zauber, eine Art paradiesischer Unschuld vor dem Eintritt in die brutale Zeitgeschichte, deren realer politischer Hintergrund oft gar nicht näher thematisiert wurde – er erschien eher als ein gewaltiges Schicksal, als eine von unfassbaren Kräften verhängte Menschheitskatastrophe.

Celan wurde sofort als der repräsentative Dichter dafür erkannt, und daraus entstand auch eine spezifische Form der Sakralisierung. Was man wusste, war, dass seine Eltern von den Nazischergen verschleppt und in einem ukrainischen Lager umgebracht worden waren. Dass er Verfolgung und Krieg als Jude überlebt hatte, wurde mit seinen Gedichten in eins gesetzt. Die *Todesfuge*[4] ist mittlerweile das berühmteste und am meisten verbreitete deutschsprachige Gedicht des zwanzigsten Jahrhunderts. Man verband Celan spätestens nach seinem Tod untrennbar mit diesem Gedicht. Es wurde schnell zur Pflichtlektüre an den Schulen und fand sich in allen Lesebüchern, es stand allgemeingültig für das Grauen in den Konzentrationslagern, aber gleichzeitig auch für die Möglichkeiten, dieses Grauen zu »bewältigen«, wie der dazu passende didaktische Fachausdruck lautete. Das Besondere war, dass Celan dabei als ein Dichter gelesen wurde, der ein existenzielles Leiden zum Ausdruck gebracht habe, das über das konkrete Zeitgeschehen doch auch noch hinausgehe – und dass er sich in seiner ästhetisch bis in die höchsten Sphären vordringenden Sprache über die Niederungen der kruden Realität hinwegsetze. Hans Egon Holthusen schrieb 1954, die *Todesfuge* sei »reine Dichtung«, »ohne eine Spur von Reportage, Propaganda und Räsonnement«.[5] Er gab damit eine Richtung vor, der erstaunlich viele Rezipienten folgten.

Celans großer Ruhm kam erst nach seinem Tod. Zu seinen Lebzeiten waren die Reaktionen auf seine Dichtung keineswegs einhellig. Zu sehr merkte man, dass es hier trotz aller als surrealistisch eingestuften Bilder um etwas akut Verdrängtes ging. Zwar schrieb Helmuth de Haas über den Debütband *Mohn und Gedächtnis* aus dem Jahr 1952 im kurzlebigen Periodikum *Neue literarische Welt,* Celans Ton bleibe »haften«, »weil auch die Sprache mundfrisch und beinahe kantilenisch ist; sie ist beginnlich rein«.[6] Parallel dazu aber urteilte der damals bekannte Kritiker Curt Hohoff in seinem Buch über »moderne Literatur« 1954: »Metaphorisch ist alles überladen, unverständlich, grammatisch spannunglos.«[7] Und der Band *Sprachgitter,* den heute viele als Celans wichtigste Positionsbestimmung auf seinem Weg zu einer neuen, anderen Sprache ansehen, führte zum Beispiel Inge Meidinger-Geise 1959 in ihrem Buch über *Perspektiven neuer Dichtung* dazu, die »lyrische Haltung in sich gefangener Menschen« anzuprangern.[8]

Als der bedeutsamste Moment der frühen Ablehnung von Celans Gedichten wird mittlerweile reflexhaft die Tagung der Gruppe 47 im Jahr 1952 genannt, das einzige Treffen dieser erst gegen Ende der fünfziger Jahre bedeutsam werdenden Schriftstellervereinigung, an dem Celan teilnahm. Das verkennt die literarischen Verhältnisse der Fünfzigerjahre in erstaunlichem Ausmaß und ist wohl vor allem dem veränderten Erkenntnisinteresse der achtziger und neunziger Jahre zuzuschreiben. Es ist längst belegt, dass die Mehrheit in der Gruppe 47 Celan keineswegs ablehnte. Im Gegenteil, diese Tagung bedeutete für Celan den Durchbruch im deutschen Literaturbetrieb. Hevorzuheben ist aber, dass er parallel dazu äußerst empfindlich auf Verrisse kulturkonservativer Publizisten alter deut-

scher Schule reagierte, die – und das ist kein bloßer Zufall –
gleichzeitig auch aggressive Gegner der Gruppe 47 waren.
Die beiden einflussreichsten Kritiker dieser Art waren
Hans Egon Holthusen und Günter Blöcker. Beide ignorier-
ten die biografischen Hintergründe Celans, blendeten die
politische Dimension des Massenmords an den europäischen Juden programmatisch aus und knüpften gleichzeitig
an antisemitische Stereotype an.

Holthusen, der mit seinem Essayband *Der unbehauste
Mensch* Anfang der fünfziger Jahre ein Bestsellerautor war,
rezensierte Celan mehrfach. Bei *Mohn und Gedächtnis*
rügte er das »wild blühende Chaos der Metaphern« sowie
»Abirrungen ins Grillenhafte und Wunderliche«[9], und
Die Niemandsrose bot ihm 1964 den Anlass dafür, Celans
Gedichte als »ein dunkel raunendes, meist trocken-brü-
chiges, aber von Fall zu Fall auch zu pathetischen O-Rufen
aufschwellendes Parlando in sogenannten freien Versen«
zu charakterisieren. Die »Mühlen des Todes« bei Celan –
eine damals gebräuchliche Wendung, die den Konzentrationslagern galt (so trug Billy Wilders Dokumentarfilm über
die Konzentrationslager den Titel *Die Todesmühlen*) – war
für Holthusen eine »in X-Beliebigkeiten schwelgende Ge-
nitivmetapher«.[10] Und Günter Blöcker schrieb einen Ver-
riss von *Sprachgitter,* der weitreichende Folgen hatte. Blöcker sprach ihm die Zugehörigkeit zum eigentlichen deutschen Sprachraum ab. Er attestierte dem Dichter, dass er
»der deutschen Sprache gegenüber eine größere Freiheit
als die meisten seiner dichtenden Kollegen« habe: »Das
mag an seiner Herkunft liegen. Der Kommunikationscha-
rakter der Sprache hemmt und belastet ihn weniger als an-

dere. Freilich wird er gerade dadurch oftmals verführt, im Leeren zu agieren.«[11]

Hier wird auf altbekannte perfide Weise auf Celans Judentum angespielt. Es war vor allem diese Blöcker-Kritik, die Celan äußerst zusetzte und einer der Auslöser für seine psychische Erkrankung war. Er wandte sich Hilfe suchend an Freunde und Bekannte aus dem Literaturbetrieb wegen dieser Kritik, schrieb sie dafür auf der Schreibmaschine ab und verschickte sie. Wenn man nach Belegen danach sucht, welchem Unverständnis Celan in der Bundesrepublik ausgesetzt war, welch arroganter Zurückweisung und einem höhnischen Bescheidwissertum, dann ist der Artikel von Günter Blöcker dafür das herausragendste Zeugnis. Blöcker war 1939 zunächst Soldat gewesen, danach aber von 1942 bis 1945 Dramaturg bei der Ufa-Filmgesellschaft in Berlin. Diese Prägungen sind in seiner Rezension deutlich spürbar. Celans Band *Sprachgitter* kommt immer wieder auf die deutschen Verbrechen in der Nazizeit zurück, es gibt eindeutige Verweise auf eine jüdische Perspektive – aber das Charakteristische dabei ist, dass Celan die vorgegebene Wirklichkeit nicht eins zu eins übersetzt, sondern nach einer Sprache sucht, die der Erfahrung durch die Konzentrationslager gerecht wird. Das besonders Schmerzhafte für Celan war, dass Blöcker diese Dimension seiner Gedichte vollkommen ignorierte. Er schrieb: »Celans Metaphernfülle ist durchweg weder der Wirklichkeit abgewonnen noch dient sie ihr.« Blöcker bezog das sogar direkt auf Gedichte, die die Vernichtungslager der Nazis thematisieren, wie *Engführung* oder die vorangegangene *Todesfuge:* Das seien »eher kontrapunktische Exerzitien auf dem Notenpapier oder auf stummen Tasten – Augenmusik, optische Partituren, die nicht voll zum Klang entbunden sind«.[12]

Es ist in diesem Zusammenhang von Belang, dass Blöckers Celan-Rezension in Ton und Haltung mit einer Polemik übereinstimmt, die er am 26. Oktober 1962 in der Wochenzeitung *Die Zeit* veröffentlichte: *Die Gruppe 47 und ich*. Er positionierte sich hier, und die Eitelkeit dieser Selbststilisierung ist dabei unverkennbar, als einen großen Einzelnen gegen »Vereinsmeierei« und gegen »Mannbarkeitsriten« wie bei »gewissen primitiven Völkerstämmen«. Anfangs wehrte er sich herablassend gegen »die Vorstellung, die Gruppe 47 spiele in meinem Denken und Schreiben eine so große Rolle, dass da überhaupt so etwas wie eine tiefergehende Gegnerschaft entstehen könnte«. Der ganze nachfolgende Artikel steckt jedoch so offensichtlich voller Ressentiments, dass sich diese Pose unfreiwillig verräterisch ausnimmt. Blöcker sprach von einem »demagogischen Clan« und von »Meinungsterror«.[13]

Es ist dieser alte deutsche Überlegenheitsgestus, die Verachtung seines Herkommens, die Celan besonders zusetzte. Allerdings hatte er in konservativen und meinungsbildenden Kreisen von Anfang an auch Bewunderer. Sie rühmten seine bilderreiche Sprache und registrierten etwas Außerordentliches. Das Ungewöhnliche von Celans Poesie fiel in den Anfangsjahren der Bundesrepublik durchaus auf, und man versuchte, es mit den gegebenen, eher beschränkten Möglichkeiten einzuordnen oder abzuwehren. Repräsentativ sind Äußerungen wie die des Dichterkollegen Heinz Piontek. Er sprach von »poésie pure, zaubrische Montage«: »die Wirklichkeit« werde »in die Geheimschrift der Poesie transponiert«.[14] In der Phase um den Büchnerpreis 1960 wurde Celans Bedeutung für die zeitgenössischen Beobachter offenkundig. Danach jedoch, anlässlich seiner letzten, sich über die üblichen sprachlichen Übereinkommen konsequent hinwegsetzenden Gedichtbände, überwog erkennbar die Ablehnung. Das *Times Literary Supplement* erkannte im Gedichtband *Fadensonnen* von 1968 eine »esoteric Geheimsprache whose associations are known to the poet alone«[15], und der Westberliner *Tagesspiegel* merkte an, dass hier »die übliche Interpretationskunst« versage und man geneigt sei, sich »auf übliche Ablehnungsklischees wie Manierismus, Montage, Wortmischung ohne Sinn« zurückzuziehen.[16] Ende der sechziger Jahre bildete das als Urteil über Celans Lyrik fast so etwas wie einen allgemeinen Konsens. Mit seinem Tod 1970 änderte sich das grundlegend, wie auf einen Schlag.

Man konnte dabei auf jene Lesarten zurückgreifen, die eine Mythisierung Celans längst vorbereitet hatten. Von Anfang an versah man in bestimmten Kreisen diesen Dichter mit höheren Weihen, mit Attributen der Zeitlosigkeit. Die zeitgenössischen Rezensenten und kritischen Einordner erwähnten, wenn überhaupt, die konkreten lebensgeschichtlichen Erfahrungen Celans eher pflichtschuldig und übergingen sie ansonsten. Die Ästhetik dieses Schriftstellers jedoch wurde gelegentlich wie ein Hochamt zelebriert und – Belegstellen dafür ließen sich vermeintlich einfach finden – in die Nähe der Tradition einer Kunstreligion gerückt. Ein »deutscher Geist«, der unantastbar über den Verhängnissen der Zeitgeschichte schwebe, war der bevorzugte Anhaltspunkt für die postnationalsozialistischen Jahre nach dem Zweiten Weltkrieg. Er stand für etwas Höheres und war ein ideales Vehikel für die allgemeine Verdrängung. Seine Konjunktur – das ist mittlerweile weitgehend vergessen und von der Erfolgsgeschichte der Gruppe 47 überdeckt worden – währte bis weit in die sechziger Jahre hinein. Da Celan keine explizit politischen Texte schrieb und sich den Tagesdiskursen sowie der Alltagssprache bewusst entzog, schien er sehr dafür geeignet zu sein, vor diesem Hintergrund gelesen werden zu können, vor einer letztlich immer unantastbar scheinenden deutschen Kultur- und Geistestradition. Dass er sich auf Rilke, auf Trakl und auch auf Stefan George bezog, war unverkennbar. Nach seinem Tod stand zudem die Aura des deutschen Dichtergenies zur Verfügung, das, von seinen unmittelbaren Zeitgenossen unabhängig, einsam und verkannt an seinem Werk schafft. Die psychischen Gefährdungen Celans, von denen man gerüchteweise wusste, schienen genau dazu zu passen.

Die Literaturwissenschaft widmete sich sprachlichen Referenzmaschinerien, verband mit Celan ontologische Fragestellungen und verortete ihn in einer höheren Sphäre als der konkreten historischen Situation, in der er sich bewegte. So stieß Silvio Vietta in einer der ersten längeren germanistischen Arbeiten auf etwas, was er den »traumtransparenten Nachtraum« bei Celan nannte.[17] Der Heidegger-Schüler Otto Pöggeler sprach von »Existenz«, von »Geworfenheit« und von »Abgrund«, und es ist bezeichnend, dass er 1962 in seiner ausführlichen Abhandlung über Celans Büchnerpreisrede die »Luft, die wir zu atmen haben«, nicht mit Auschwitz in Verbindung brachte – genauso, wie er das von Celan bei Büchner prononciert hervorgehobene Datum des »20. Jänner« nicht im Zusammenhang mit der Wannseekonferenz 1942 und der dort beschlossenen »Endlösung der Judenfrage« sah.[18] Auch der große Linguist Harald Weinrich, und das ist charakteristisch, urteilte 1968 im Sinne einer Legitimationsstrategie für sein gerade erst im Aufstieg begriffenes Fach über Celans Gedichte: »Sie können nicht welthaltig sein, weil sie worthaltig sein wollen.«[19]

Celan wurde immer wieder mit einer »absoluten Poesie« in Verbindung gebracht, und das war leider sogar in der ersten Arbeit der Fall, die die üblich gewordenen Lesarten Celans zu durchbrechen versuchte. Sie erschien 1976, stammte von Marlies Janz und trug den beinahe etwas verzweifelten Titel *Vom Engagement absoluter Poesie*.[20] Die Verdienste dieses Buches sind größer als seine Mängel, doch die vorherrschenden Töne blieben andere. Celan schien ein geeignetes Objekt dafür zu sein, literaturpolitische Fragen im Sinne der Werkimmanenz zu verhandeln, gerade in der ideologisch hochaufgeladenen Zeit um und nach 1968, und wurde dadurch zum Inbegriff reiner Kunst in trivialisierter und politisierter Gegenwart. 1970 verglich Gerhard Neumann in einem Aufsatz über die »absolute Metapher« Celan mit Stéphane Mallarmé und operierte dabei bedeutungsvoll mit heideggerschen Begrifflichkeiten. Die »moderne Metapher« sei mittlerweile »ihres trivialen Eigentlichkeitsgrundes beraubt und zu einer neuen Eigentlichkeit umfunktioniert«, heißt es da, und das führt zu der Konsequenz: »Sie entfaltet ihre Bedeutungsmöglichkeit weitgehend im reinen Wortbezirk.«[21] Celan, so folgerte Neumann, werte »dieses Alleinsein der Sprache als ein Versagen«, doch in ihrem »Verweisungscharakter«, in ihrem »›leeren‹ Verweisen«, werde sie »sich ihrer Uneigentlichkeit bewusst«.[22]

Jener »reine Wortbezirk«: Dies ist der Bereich, in den Celans Dichtung immer wieder verwiesen wurde. Und deswegen fühlte sich auch die Linguistik herausgefordert, die existenzielle Problematik in eine Zeichenproblematik zu überführen. Winfried Menninghaus schrieb 1980, auf dem Höhepunkt der germanistischen Celan-Auslegungs-Höhenflüge: »Celans ›Sprechen‹ (...) versteht sich selbst gerade in dem, worin es die arbiträr-instrumentelle Referentialität transzendiert und nicht-signifikative ›Präsenz‹ und ›Gestalt‹ ist, als Auseinandersetzung mit und ›Richtung‹ auf eine (noch nicht existierende) ›Wirklichkeit‹.«[23]

Das einzige Feld, das daneben als Bezugspunkt diente, war Celans Judentum, vor allem dessen religiöse Dimension. Dies ist allerdings eine der diffizilsten Sphären, wenn man sich der Poesie Celans nähert. Anfangs spielte sein Judentum für Celan eine eher untergeordnete Rolle, er wehrte sich sogar offensiv gegen den strenggläubigen Vater. Erst durch die nationalsozialistische Verfolgung begann seine jüdische Identität für ihn entscheidend zu werden, allerdings nicht in einem religiösen Sinn. In Paris hat er noch Mitte der fünfziger Jahre das allzu sichtbare Auftreten der Frommen rund um die Synagoge in seiner unmittelbaren Nachbarschaft bedauert und als lästig empfunden.[24] Es ist aber offenkundig, dass sich Celan zugleich verstärkt mit jüdischen Traditionen und mit jüdischer Mystik beschäftigte. Spätestens seit seinem Band *Die Niemandsrose* nehmen seine Gedichte dezidiert und unüberlesbar darauf Bezug. Dennoch ist es verfehlt, ihn von vornherein und ausschließlich als jüdischen Dichter definieren zu wollen; die durchaus inspirierenden Parallelen zu Franz Kafka sind auch bei diesem Thema zu erkennen.[25] Das literarische Bezugssystem und das Assoziationsnetz Celans, seine Poetologie und die Entwicklung des Werks weisen über die jüdische Kultur auch hinaus.

Sein primärer Bezugspunkt war die deutschsprachige Literatur, und zwar in einer Form, die der Kunst höhere Weihen verlieh und sie durchaus neben die althergebrachten Formen der Religion stellte. Celans Nennung von Rudolf Borchardts *Ode mit dem Granatapfel* gleich zu Beginn seiner Bremer Dankesrede war weitaus mehr als eine bloße Huldigung Rudolf Alexander Schröders, des Bremer Borchardt-Freundes.[26] Deshalb sind zum Beispiel die häufig herangezogenen Celan-Analysen von Jean Bollack problematisch, der prononciert aus der jüdischen Perspektive spricht und so anlässlich von Celans Besuch der Schwarzwaldhütte Martin Heideggers alles ausklammert, was auf Celans Nähe zu Heidegger hinweist und die Ambivalenz von Celans Gedicht *Todtnauberg* negiert.[27] Bollacks Autorität liegt dabei in einer persönlichen Nähe zu Celan, deren Intensität allerdings umstritten ist.[28]

Die Gestalt, die Celan nach seinem Tod in groben Zügen annahm, wird am deutlichsten im Titel der ersten, groß angelegten Biografie, die der US-Amerikaner John

Felstiner verfasste: *Paul Celan: Poet, Survivor, Jew* – also: Dichter, Überlebender, Jude.[29] Diese drei Kategorisierungen stehen für den Autor als Grundlage seines Verständnisses gleichwertig nebeneinander. Felstiner deutet Celan existenziell-religiös. Ästhetische Fragen spielen kaum eine Rolle, und in dieser Form ist die Festlegung Celans auf die Erfahrung der Shoah deshalb verkürzt. An seinen Bukarester Freund Petre Solomon unterzeichnete Celan am 12. März 1948 mit: »Dein ehrlicher Freund und trauriger Dichter teutonischer Zunge Paul«[30], und dabei schwingt eine sprachliche Dimension mit, die für Celan wesentlich ist. Er hat sie dem Schweizer Redakteur Max Rychner gegenüber im selben Jahr mit den folgenden Worten vermittelt: »(...) ich weiß, wieviel ich den Kulturen, durch die ich gehen musste, verdanke, aber ich hätte es doch gerne gehört, was meine Gedichte den Menschen bedeuten, in deren Sprache sie geschrieben sind.«[31] Die radikalen Konsequenzen Celans gerade im Umgang mit der deutschen Sprache, seine anarchischen und wilden Aspekte werden bei Felstiner in ihrer poetologischen Einzigartigkeit nie eingehender verhandelt, ihre biografischen Spuren übergangen. Das ist ein aufschlussreiches Symptom.

Eine bestimmte Stilisierung von Celans Person steht auch heute noch im Vordergrund. Er avancierte, vor allem durch die *Todesfuge,* schnell zum Inbegriff des jüdischen »Opfers« schlechthin. Im allgemeinen Verständnis galt er immer als eine Art Märtyrer und wurde in dieser Weise verehrt. Als Katalysator dafür wirkte auch der groß angelegte Dokumentationsband, den die als Nachlassbeauftragte eingesetzte Germanistin Barbara Wiedemann im

Jahr 2000 vorlegte: *Paul Celan – Die Goll-Affäre.*[32] Dieses verdienstvolle dickleibige Buch rückt den Plagiatsvorwurf Claire Golls in den Mittelpunkt von Celans Leben. Es handelte sich um eine der perfidesten, hinterhältigsten Intrigen in der deutschen Literaturgeschichte. Celan hatte den elsässisch-jüdischen Dichter Yvan Goll in dessen letzter Lebensphase Anfang der fünfziger Jahre in Paris kennengelernt. Es kam zu einem vertraulichen, kollegialen Austausch. Celan, der noch keinen »offiziellen« Gedichtband hatte (seinen 1948 im Wiener Verlag A. Sexl erschienenen Gedichtband *Der Sand aus den Urnen,* in dem die *Todesfuge* erstmals abgedruckt war, hatte Celan wegen zahlreicher Druckfehler einstampfen lassen), gab Goll frühe Texte von sich zu lesen und nahm auch den Auftrag an, Goll-Gedichte zu übersetzen. In der Dokumentation ist minutiös nachzulesen, wie Claire Goll, die Witwe, das Spätwerk ihres Gatten im Nachhinein manipulierte und behauptete, Celan habe von Yvan Goll abgeschrieben. Sie verhinderte die Publikation von Celans Goll-Übersetzungen, verwendete sie aber für ihre eigenen und gab aus Golls Nachlass Gedichte unter dem Namen *Traumkraut* heraus, in denen sie nicht fertiggestellte Texte Golls mit Motiven aus Celan-Gedichten anreicherte. Celan musste das im Innersten treffen: Für ihn war Deutsch seine Muttersprache, und seine Gedichte waren das Einzige, womit er sich seiner Herkunft und seiner Identität versichern konnte. Deshalb empfand er die Verleumdungen Claire Golls als existenzielle Bedrohung.

Das Buch über die »Goll-Affäre« listet alle Details der Plagiatsintrigen Claire Golls auf und zeichnet vor allem die Folgen nach, die sie in der deutschsprachigen Presse hatten. Der Fall ist ein erschreckendes Beispiel dafür, wie sich die Mechanismen der Medien verselbstständigen können. Trotz aller aufklärerischen Wirkungen hat dieses Buch aber auch eine etwas zwiespältige Note. Die Goll-Affäre und der Antisemitismus der frühen Bundesrepublik bilden hier einen einzigen Sog. Die Analyse gerät dabei zu undifferenziert, denn jede negative Kritik über Celan wird automatisch mit Antisemitismus assoziiert und der Goll-Affäre zugeordnet. Ohne die notwendige Distanz wird dabei das gesamte Celan-Bild automatisch auf eine schwierige Opferrolle zentriert, die auf paradoxe Weise zur Identifikation einlädt.

Celan galt Ende der fünfziger Jahre unbestreitbar als ein bedeutender zeitgenössischer Autor. Er erhielt in kurzen Abständen den Preis des Bundesverbands der deutschen Industrie, den Bremer Literaturpreis und dann 1960 im Alter von vierzig Jahren den Büchnerpreis – dass sich jüngere Kollegen zum Teil konkurrenzlerisch an ihm rieben, gehört zu den Begleiterscheinungen literarischer Öffentlichkeit. Es gab Rezensenten, die reflexhaft, wie es bei Literaturkritikern allzu häufig der Fall ist, eine verständlichere und einfachere Sprache forderten. Weder in den Kontext der Goll-Affäre noch in den des Antisemitismus gehören unter anderem auch die Artikel des jungen, auf sich aufmerksam machen wollenden Lyrikers Peter Rühmkorf, in denen er aus einer unbedingt zukunftsgerichteten Perspektive heraus Celan kritisiert: »und so gesellt sich denn dem kühlen Entzücken an manchem eisfarbenem Bilde und der kunstvollen Tonlosigkeit der Sprachmelodie

immer wieder der Ärger über den altbekannten Chiffren-
reigen.« Celan hat sich in diesem (durchaus diskussions-
würdigen) Text Rühmkorfs über das »lyrische Weltbild
der Nachkriegsdeutschen«, der 1962 in dem von Hans
Werner Richter herausgegebenen Sammelband *Bestandsaufnahme* erschienen ist, folgenden Halbsatz angestrichen: »Denn obwohl Celan sicher als Ausnahme nicht nur
unter dichtenden Zeit-, sondern auch Artgenossen anzu-
sprechen ist (...)«[33] Die Herausgeberin vermerkt dazu in
einer Fußnote: »PC assoziiert hier Begriffe wie ›Artge-
meinschaft‹ und ›artfremd‹ und sieht auch hier, und wohl
nicht ganz zu Unrecht, Anzeichen für einen Antisemitismus von links.«[34]

Der Einschub »und wohl nicht ganz zu Unrecht« hat es
in sich. Denn die Herausgeberin identifiziert sich hier mit
Celan in politisch unhaltbarer Weise und verlässt die Haltung neutraler wissenschaftlicher Distanz. Was Rühmkorf
mit den »Zeit-« und »Artgenossen« meinte, ist eindeutig
dem Fortgang seines Satzes zu entnehmen: »(...) und obwohl bei ihm gemeinhin überzeugt, was man bei anderen
zeitgenössischen Zeitflüchtern von Poethen bis Demus,
von Raeber bis zu Atabay nur als ein modisches Make-Up
empfindet (...), vermag man doch bestimmte Schwächen
und Mankos nicht zu übersehen.«[35] Das heißt: Rühmkorf
meinte mit »Artgenossen« in seiner typischen Wortspiel-
weise eindeutig »Genossen in artibus«, die Kollegen, die
Lyriker, die er ironisch über die »Zeitgenossen« stellte.
Dass die Herausgeberin Rühmkorf hier des Antisemitismus bezichtigt, wiegt angesichts ihres sonstigen wissenschaftlichen Duktus schwer. Der eigentlich über alle Zwei-

fel erhabene (und 1993 ebenfalls mit dem Büchnerpreis ausgezeichnete) Rühmkorf spürte: Hier lauerte seinerseits ein Rufmord, denn einige Zeitungen hatten den Vorwurf bereits aufgegriffen. Er fühlte sich genötigt, einen offenen Brief zu schreiben, in dem er sich gegen die »nicht nur fahrlässigen, sondern böswilligen Unterstellungen« wehrte. Er empfinde »sie als Hakenkreuzschmierereien an meiner Haustür«. Die Wissenschaftlerin habe von seiner »politischen Sozialisation keine Ahnung« und betreibe »denunziatorischen Wirrsinn«: »Gehen Sie in sich und prüfen Ihr eigenes Vokabular, ehe Sie anderen Leuten die Wörter im Mund herumdrehen.«[36]

Den Begriff »Antisemitismus von links« gab es 1959 noch gar nicht, er entwickelte sich erst nach 1968 und war gerade um das Jahr 2000 sehr virulent, als *Die Goll-Affäre* erschien. Darauf bezieht sich die Herausgeberin insgeheim. Generell fällt die Tendenz auf, alles auszuschließen, was jener Typisierung Celans widersprechen könnte, die einer fast religiös anmutenden Bewunderung den Weg ebnet. Der Dichter selbst hat sich zu seinen Lebzeiten mehrfach gegen solch eine Form der Opferrolle gewehrt.

Celan hat viele Facetten. Einige Phasen seines Lebens kann man durchaus mit überraschend anderen Konnotationen verbinden: die Zeit der surrealistischen Wortspiele mit Dichterfreunden in Bukarest etwa oder die ersten Jahre in Paris, mit Zügen von etwas Freizügigem, Streunendem, Fraueneroberndem. Das Rauschhafte, die Prägung durch osteuropäische Traditionen wie Gesang und Tanz, gehört auch zu Celan. Zu Gisela Dischner sagte er einmal: »Die Leute erschrecken immer, wenn ich lache. Ich bin doch schließlich der tragische Dichter.«[37] Dass sich in Celans Gedichten viel Sinnliches zeigt, dass sie auch etliche erotische Motive haben (nicht nur in den bewusst den Alltagsslang aufnehmenden späten Gedichten), ist erst langsam zu einem Thema geworden, wenn auch eher am Rand. Recht heilsam gegen eine allzu voreilige Ikonisierung und Vergeistigung wirkt eine Erinnerung Friedrich Dürrenmatts an Celan: »Wir spielten stundenlang Tischtennis, er war von einer ungeheuren, bärenstarken Vitalität, er spielte meine Frau, meinen Sohn und mich in Grund und Boden. Dann trank er zu einer Hammelkeule eine Flasche Mirabelle, einen starken Schnaps, seine Frau und wir tranken Bordeaux, er trank eine zweite Flasche Mirabelle, Bordeaux dazwischen, in der Pergola vor der Küche, am Himmel die Sommersterne. Er dichtete in das bauchige Glas hinein, dunkle, improvisierte Strophen, er begann zu tanzen, sang rumänische Volkslieder, kommunistische Gesänge, ein wilder, gesunder, übermütiger Bursche.«[38]

Das Schwierige, Widersprüchliche am öffentlichen Umgang mit Paul Celan wird an seinem folgenreichsten Gedicht deutlich, der berühmten *Todesfuge*. Ausgerechnet ein Gedicht, das unmissverständlich auf den historisch eindeutig konnotierten Ort Auschwitz verweist, konnte dazu dienen, die Rezeption in andere Sphären zu lenken – auf die »schöne« Sprache nämlich. Hans Egon Holthusen hatte ja bereits 1954 die entscheidenden Signale gesetzt, und er gab eindeutige Interpretationsanreize, wenn er schrieb, dieses Gedicht würde »der blutigen Schreckenskammer der Geschichte entfliegen (...), um aufzusteigen in den Äther der reinen Poesie«.[39] Der Essayist bewies damit ein Gespür dafür, wie dieses Gedicht für die Zwecke eines nach dem Nationalsozialismus langsam wieder selbstbewusst werdenden Deutschlands dienstbar gemacht werden konnte. Wenn man wollte, schien es dazu einzuladen, in seinen Zeilen eine ästhetische Verarbeitung oder gar eine »Versöhnung« zu erblicken. Auch der bekannte Germanist Clemens Heselhaus griff in einer Monographie von 1961 die Formel von der »reinen Poesie« auf [40], und Wolfgang Weyrauch rühmte an der *Todesfuge* die »Harmonie des Vollkommenen«.[41] Reinhard Baumgart schrieb dann in der Zeitschrift *Merkur* 1965, mit Blick auf die Möglichkeit dieser Wahrnehmung der *Todesfuge,* kritisch von einer »raffinierten Partitur«, von »schon zuviel Genuss an Kunst« und einer »›schön‹ gewordenen Verzweiflung«.[42]

Baumgart konnte zu diesem Zeitpunkt schon die Tendenzen in der Rezeptionsgeschichte der *Todesfuge* erkennen, die sich unübersehbar herausgebildet hatten. Die Herausgeber des informativen und instruktiven *Handbuchs* zu Paul Celan formulieren, dass dieses Gedicht bereits früh zu dem »Markenzeichen« des Dichters geworden sei, schon in seiner Zeit in Bukarest und Wien.[43] Die Bezeichnung »Markenzeichen« hat einen Zungenschlag, der auch auf Missverständnisse im Umgang mit diesem Gedicht hindeutet. Es ist eine vertrackte Konstellation. Man konnte in Deutschland die *Todesfuge* lesen, sich betroffen fühlen, das unaussprechliche Leid der inhaftierten Juden in den Konzentrationslagern erkennen und sich gleichzeitig durch die suggestive rhythmisierte Sprache dieses Gedichts, seine kontrapunktische Konzeption mit Verweisen

auf klassische jüdische und klassische deutsche Kultur-To-
poi ansprechen lassen, durch seine scharfen, in Erinnerung
bleibenden Bilder. Das führte zu einem besonderen Effekt,
der bis ins Unbewusste reichte. Man nahm bereitwillig die
»Schönheit« dieses Gedichts auf sich und konnte sich
dadurch als Deutscher von seinen Schuldgefühlen entlas-
ten – es hatte auch die Funktion der Gewissensberuhigung.
Man sprach sich durch die Rezeption der *Todesfuge* frei. Sie
wurde schnell zu einem Symbol für die Aufarbeitung der
NS-Vergangenheit, sie wurde in Schulen eingesetzt, und
filmische Dokumentationen über das Grauen in den Konzentrationslagern wurden effektvoll mit der Rezitation dieses Gedichts unterlegt – oft mit der Stimme Celans selbst,
der es für eine Schallplattenaufnahme des Neske-Verlags in
Pfullingen 1959 im Studio einsprach.[44]

Später hat er das anscheinend bereut. Und zu seinen
Konsequenzen gehörte auch, dass er seit Ende der fünfziger Jahre den »Philosemitismus« mit dem Antisemitismus oft gleichsetzte, ihn sogar gelegentlich noch schlim-
mer fand.[45] Er las die *Todesfuge* bei öffentlichen Auftritten
nicht mehr. Oft wird eine Aussage Celans zitiert, die er
in den sechziger Jahren dem kommunistischen Literaturwissenschaftler und Übersetzer Hugo Huppert gegenüber
getätigt haben soll: »Auch musiziere ich nicht mehr, wie
zur Zeit der vielbeschworenen *Todesfuge,* die nachgerade
schon lesebuchreif gedroschen worden ist. Jetzt scheide
ich streng zwischen Lyrik und Tonkunst.«[46] Huppert hat
das Gespräch danach im Hotelzimmer in einem »Aide-
mémoire« stenographisch aufgezeichnet, aber es spricht
einiges dafür, dass Celans Formulierung »lesebuchreif ge-

droschen« wirklich gefallen ist. Die gesamte Geschichte der Rezeption der *Todesfuge* lässt sich mit diesem Wort schlüssig zusammenfassen. Man kann die Art und Weise, wie die *Todesfuge* in der bundesdeutschen Öffentlichkeit vor allem in den siebziger und achtziger Jahren verhandelt wurde, nur dadurch erklären, dass eine merkwürdige Umpolung stattfand: Der Dichter nahm das Leid der Menschheit auf sich und erlöste sie dadurch.

Celan konnte und wollte die *Todesfuge* natürlich nicht zurücknehmen, das Gedicht blieb für ihn neben allem anderen immer eine Grabinschrift für seine ermordete Mutter. Und gerade auch die »linke« Kritik Baumgarts aus dem Jahr 1965 traf ihn deshalb persönlich, in einem Gedichtentwurf bezeichnete er sie als »kulturflott, linksnibelungisch«[47]. Er wollte sich dieses Gedicht nicht aus der Hand nehmen lassen. Dennoch hat er selbst die aufregendste Auseinandersetzung mit der *Todesfuge* geschrieben. Am Schluss seines Gedichtbands *Sprachgitter* aus dem Jahr 1959 steht der Zyklus »Engführung«, der sich eindeutig auf die *Todesfuge* bezieht (nicht nur wegen des auf die Fuge bezogenen musikwissenschaftlichen Terminus) und der radikale Schlussfolgerungen aus dem nicht vorausgesehenen öffentlichen Umgang mit ihr gezogen hat. Die *Engführung* lässt sich nicht so eindeutig lesen und begreifen – und vor allem auch nicht vereinnahmen – wie die *Todesfuge*. Das wurde durch grundlegende poetologische Überlegungen vorbereitet. In einer Umfrage, die die Pariser Librairie Flinker 1958 machte, beschrieb Celan die augenblickliche Situation der deutschen Lyrik – und es geht hier offenkundig um die seinige – so: »Düsterstes im

Gedächtnis, Fragwürdigstes um sie her, kann sie, bei aller Vergegenwärtigung der Tradition, in der sie steht, nicht mehr die Sprache sprechen, die manches geneigte Ohr immer noch von ihr zu erwarten scheint. Ihre Sprache ist nüchterner, faktischer geworden, sie misstraut dem ›Schönen‹, sie versucht, wahr zu sein. Es ist also, wenn ich, das Polychrome des scheinbar Aktuellen im Auge behaltend, im Bereich des Visuellen nach einem Wort suchen darf, eine ›grauere‹ Sprache, eine Sprache, die unter anderem auch ihre ›Musikalität‹ an einem Ort angesiedelt wissen will, wo sie nichts mehr mit jenem ›Wohlklang‹ gemein hat, der noch mit und neben dem Furchtbarsten mehr oder minder unbekümmert einhertönte.«[48]

Das ist unmissverständlich und eindeutig ein Kommentar Celans auch zu seiner *Todesfuge,* vor allem aber zum allgemeinen Umgang mit diesem Gedicht. Die »grauere« Sprache, die ihm vorschwebt, ist eine Sprache, die die Missverständnisse ausschließt, die die *Todesfuge* offenbar miteingeschlossen hat. Man sollte die *Todesfuge* im Nachhinein nicht ohne diese poetologischen Sätze Celans lesen. Die »grauere« Sprache ist das, was seine Dichtung von diesem Zeitpunkt an genuin ausmacht, sie ist seine einzigartige ästhetische Konsequenz. Der Zyklus *Engführung* beginnt mit den Worten: »Verbracht ins / Gelände / mit der untrüglichen Spur: / / Gras, auseinandergeschrieben. Die Steine, weiß / mit dem Schatten der Halme: / Lies nicht mehr – schau! / Schau nicht mehr – geh! / / «[49]

Auch hier werden anfangs die Konzentrationslager direkt angesprochen: »Verbracht« ist ein Partizip, das die Betroffenen damit sofort assoziieren. Hier aber ist auch das Gedicht selbst in dieses Thema »verbracht«, und es stellt sich allem, was damit verbunden ist. »Gras, auseinandergeschrieben« verlässt den Boden der unmittelbaren Übersetzbarkeit, es ist der Weg in die Sprache selbst hinein. Nicht nur, dass »Gras« von rückwärts her gelesen »Sarg« bedeutet – das ist nur ein Oberflächenhinweis –: Die Sprache selbst, die Art und Weise, wie man spricht, ist das Problem, wenn man den Massenmord an den Juden in Worte fassen will. Es gilt, alles, was damit zu tun hat, »auseinanderzuschreiben«, das ist die Auseinandersetzung damit. Die Sprache kann nicht mehr dieselbe sein wie vorher. Es ist genau dasselbe, was Adorno mit seinem viel zitierten und oft missverstandenen Satz gemeint hat, nach Auschwitz könne man keine Gedichte mehr schreiben.[50] Celans *Engführung* entspricht dieser Erkenntnis. Dieses Hineingehen in die Sprache – »Lies nicht mehr – schau! / Schau nicht mehr – geh!« – ist das, was seine Gedichte bis zu seinem Tod kennzeichnet. Und es hinterlässt zwangsläufig mehr Fragen als Antworten.

Kapitel 2

Schlafen, schlafen, vielleicht auch träumen

Im Spannungsfeld zwischen Rilke, den Rezitationen Alexander Moissis und der Gruppe 47

Celans Vorstellungen von Lyrik sind von seiner Heimatstadt Czernowitz nicht zu trennen. Es war ein Ort, »in dem Menschen und Bücher lebten«[51], wie er in seiner Dankesrede zum Bremer Literaturpreis 1958 sagte: Gelegen am Ostrand Habsburgs, direkt an der Grenze zum russischen Zarenreich, hatte Czernowitz bis 1914 eine ungewöhnliche kulturelle Blüte erlebt. Das Bürgertum in der Stadt war überwiegend jüdisch geprägt, und es sprach Deutsch. Jiddisch, die Sprache der Unterschicht, war für diejenigen, die sich als Kulturbürger begriffen, verpönt. Celans Vater war ein traditionsbewusster Jude, der sozial eher an den Rand gedrängt war. Er schlug sich als Holzhändler durch, und die materiellen Bedingungen waren ziemlich schwierig. Der Vater versuchte, Celan eine orthodoxe jüdische Erziehung angedeihen zu lassen, was auf Dauer auch aus gesellschaftspolitischen Gründen nicht so verlief, wie er es sich vorstellte. Paul, der Sohn, beendete den Hebräischunterricht 1933 nach der Bar-Mizwa und engagierte sich in einer kommunistischen Jugendgruppe, bei der das Politische und das Romantische anscheinend schwer zu unterscheiden waren. Das Abitur machte er in einem rumänischsprachigen Gymnasium – seit 1920 gehörte Czernowitz zum Königreich Rumänien –, das sich altphilologisch und sprachlich orientierte und den Vorstellungen der Mutter entsprach, die sich den bildungspolitischen Idealen des alten Habsburgerreichs verpflichtet fühlte und dem Sohn das österreichische Hochdeutsch der klassischen Literatur vermittelte. Die unterschiedlichen kulturellen Vorstellungen von Vater und Mutter sind in der Sozialisation Celans ein nicht zu unterschätzendes Moment; das enge Verhältnis zu seiner Mutter erwies sich als äußerst prägend.

Der soziale Aufstieg war für Celan untrennbar mit der deutschen Sprache und der altösterreichischen Kultur verknüpft. Die Welt des deutschsprachigen jüdischen Bürgertums von Czernowitz erschien ihm voller Versprechen. Einen Eintritt verschaffte ihm seine Jugendfreundin Edith Silbermann, die in der unmittelbaren Nachbarschaft seines engsten Klassenkameraden Gustav Chomed wohnte. Manchmal bewarf sie die beiden beim Schlittenfahren mit dafür extra gesammelten Kastanien.[52] Ihr Vater, in habsburgischer Zeit ein Germanist und Altphilologe, der jetzt den Brotberuf eines Bankbeamten ausübte, besaß die »zweitgrößte Bibliothek der Stadt«, wie sie es in ihren Erinnerungen penibel verzeichnet, und das sei »für den bildungshungrigen Schüler Paul eine wahre Fundgrube« gewesen. Hier lernte er die für seine eigene lyrische Entwicklung wichtigen Autoren kennen. Edith Silbermann berichtet, dass ihr Vater Karl Horowitz gleichzeitig argwöhnisch über seine Bibliothek wachte. Wenn er bemerkte, dass die Bücher nur ein bisschen verrückt waren, habe er sofort gefragt: »Waren schon wieder die Kadetten da?«[53] Damit seien Paul Celan und sein Klassenkamerad Immanuel Weißglas gemeint gewesen, die beide Gedichte zu schreiben begannen.

Mit fünfzehn oder sechzehn Jahren wies Celan Edith Silbermann dann auf den für ihn wichtigsten Lyriker hin, Rainer Maria Rilke: »mit dem wir einen wahren Kult trieben, so dass ich auch, als ich nach dem Krieg in Bukarest Germanistik studierte, über diesen Dichter meine Lizenziatenarbeit schrieb. Immer wieder trug Paul den *Cornet,* die *Geschichten vom lieben Gott* und Gedichte aus dem *Stundenbuch* und dem *Buch der Bilder* vor, später dann auch die *Sonette an Orpheus* und die *Duineser Elegien.*«[54]

Rilke war für die Czernowitzer Intellektuellen und Kulturbürger die herausragende Instanz, er hatte viele Jünger und Nachahmer. Der Rilke-Ton schien die Atmosphäre der wie eine Oase an der äußersten Grenze gelegenen Stadt Czernowitz am genauesten einzufangen: eine Vielvölker- und Vielsprachenstadt, und inmitten etlicher anderer slawischer und sonstiger Sprachen war das Deutsche fast so etwas wie eine Kunstsprache, eine künstliche Orchidee, abgeschnitten vom weit entfernten, geschlossenen deutschen Sprachraum, in dem es die Sprache des Alltags war und die Entwicklungen der unmittelbaren Gegenwart repräsentierte. In Czernowitz war Deutsch dagegen vor allem eine Sprache der Vergangenheit, und die Lyrik war die unumstrittene Form des literarischen Selbstgefühls. Prosa oder gar ein Roman schienen dem Charakter dieser Stadt nicht zu entsprechen, weiträumige, großflächige Be-

schreibungen einer Metropole oder eines Entwicklungs-
prozesses. Dagegen waren Lyrikrezitationen ein selbstver-
ständlicher Mittelpunkt bürgerlicher Salons.

Dass viele bürgerlich-jüdische Jugendliche dichteten,
ging wie zwangsläufig daraus hervor. Verglichen mit Texten, die zeitgleich in Mitteleuropa entstanden und von
dem Lebensgefühl der aufgebrochenen Moderne gezeichnet waren, wirken die Bukowiner Dichter äußerst tradi-
tionsbezogen, aber mit einer unverkennbaren Farb- und
Tongebung, die der eigenen Randsituation entsprach. Die
Lyrikerin Rose Ausländer, eine Generation älter als Celan,
wuchs in Czernowitz auf, seine Cousine Selma Meerbaum-
Eisinger schrieb ebenfalls Gedichte, die nach ihrem Tod
als Achtzehnjährige 1942 im Lager Michailowska auf ver-
schlungenen Wegen gerettet wurden, und die gleichaltri-
gen Paul Antschel, der sich erst später »Celan« nannte,
Immanuel Weißglas, Alfred Kittner oder Alfred Gong
versuchten ebenfalls, sich auf diese Weise dessen zu vergewissern, was ihr Leben ausmachte. Die frühen Gedichte
Celans sind sehr stark von diesen Czernowitzer Besonder-
heiten geprägt. Es muss eine Art lyrisches Treibhausklima
geherrscht haben, etwas Enges und Hitziges. Nach der fa-
schistischen Machtübernahme in der Bukowina sah man
sich mit den Erfahrungen der Barbarei konfrontiert.

In dieser Situation, unter dem Eindruck der zeitge-
schichtlichen Katastrophe, entstand Celans *Todesfuge*. Sie
baut auf vielfältigen Voraussetzungen auf, die durchaus
zu Missverständnissen führten. Es ist naheliegend, den erkennbaren Neuansatz in Celans Lyrik, der in der *Todesfuge*
deutlich wird, auf die unmittelbar zurückliegenden Erfah-

rungen zurückzuführen, ein sprachlicher Quantensprung als direkte Aufarbeitung eines Schocks. Doch die zeitliche Zuordnung scheint nicht ganz einfach zu sein. Dass sich in und außerhalb von Czernowitz im Lauf der Jahre ein spezifisches Metapherngeflecht entwickelt und ein bestimmter Bildervorrat angesammelt hatte, ist in einer Ausstellung des Literaturhauses Berlin 1993 umfassend dokumentiert worden. Die »schwarze Milch«, mit der Celans *Todesfuge* einsetzt, findet sich bereits in dem völlig anderen, sehr konventionell gearbeiteten Gedicht *Ins Leben* von Rose Ausländer. Es wurde 1925 geschrieben und 1939 zum ersten Mal veröffentlicht. In Alfred Margul-Sperbers Gedichtband *Geheimnis und Verzicht* aus dem Jahr 1939 findet sich das Bild von der »dunklen Milch des Friedens«, und an einer anderen Stelle heißt es: »(...) Die Milch des Abends rinnt / die schwarzen Stämme abwärts auf den Grund (...)« Der Czernowitzer Moses Rosenkranz veröffentlichte 1947 in Bukarest einen Lyrikband, in dem sich ein Gedicht mit dem Titel *Die Blutfuge* findet – es ist formal sehr konservativ, mit vier Strophen zu je vier Versen in landläufigen Endreimen, das den kurz zurückliegenden Massenmord an den Juden zu verarbeiten sucht: »In stilles, grabestiefes Orgelsummen / Tropft wieder Christi Blut, o Blut von Bach!«[55] Trotz desselben Lebensthemas fällt auf, wie sehr sich Celans *Todesfuge* von den Gedichten anderer Czernowitzer bereits entfernt hat, wie eigenständig und formal weitaus avancierter sein Gedicht konzipiert ist.

Das gilt genauso für den Vergleich mit dem Gedicht *ER* von Immanuel Weißglas, dessen verblüffende Ähnlichkeiten mit Bildern aus Celans *Todesfuge* einige Interpreten zu verschiedenen Mutmaßungen veranlasst hat. Auch dieses Gedicht hat vier Strophen zu je vier Versen mit mitunter etwas mühsam verschränkten Endreimen, es ist auch in der Wortwahl und im Versbau äußerst konventionell. Aber es finden sich, wie bei Celan, die »Gräber in der Luft«, das »Fiedeln« und »Tanzen«, es gibt die »Schlangen« und »Gretchens Haar« und auch den »deutschen Meister« namens Tod. Die beiden letzten Verse lauten: »Das Grab in Wolken wird nicht eng gerichtet: / Da weit der Tod ein deutscher Meister war.«[56]

Celans *Todesfuge* ist ein völlig anderes Gedicht. Die Form, der Aufbau, Rhythmus und Klang scheinen einer ganz anderen Zeit anzugehören, und die unmittelbare Wirkung dieses Gedichts verdankt sich seinen innovativen, damals aufregend zeitgenössischen lyrischen Mitteln. Erst dadurch wurde die *Todesfuge* zu dem, was sie ist. Dennoch fallen dieselben Motive in Weißglas' epigonal wirkendem Gedicht natürlich auf. Während Israel Chalfen in seiner Jugendbiografie Celans Wert darauf legt, dass Celan Annäherungsbemühungen von Weißglas eher auf Distanz gehalten habe[57], beschreibt Alfred Kittner aus der Erinnerung eine andere Dynamik: »Sie lasen gemeinsam, besprachen gemeinsam das Gelesene, übten ihre Übersetzungerbegabungen an den gleichen Gedichten, an Jessenin, Apollinaire, Yeats, Housman, Arghezi, Shakespeares Sonetten. Es war ein ständiges Nehmen und Weiterreichen.«[58]

Weißglas' Gedicht wurde zum ersten Mal überhaupt in der Bukarester deutschsprachigen Zeitschrift *Neue Literatur* veröffentlicht, in der zweiten Nummer des Jahres

1970. Sie enthielt den spekulativen, nicht beweisbaren und ziemlich unglaubwürdigen Vermerk, das Gedicht sei bereits 1944 entstanden. Celan kann diesen Abdruck theoretisch noch wahrgenommen haben. Die Spekulationen einiger, er könne der unmittelbare Auslöser für Celans Freitod im April 1970 gewesen sein, weil er eine weitere Plagiatsaffäre fürchtete, entbehren jedoch einer nachprüfbaren Grundlage. In Weißglas' Gedichtband *Kariera am Bug* von 1947 ist das Gedicht *ER* nicht enthalten. Weißglas selbst äußerte in den siebziger Jahren ziemlich diffus und ausweichend, dass es »im Bereich der Dichtung« immer nur »auf Gewinn und Verlust im rein Künstlerischen« ankomme, möge »auch der Umriss einer Metapher von einem Gebilde ins andere herüberleuchten«. Ein »kameradschaftlicher Kontrapunkt« habe »zwei wortbesessene Freunde oft in gemeinsamer Bemühung um das Gedicht« verbunden, und dem Freiburger Germanisten Gerhart Baumann gegenüber, der diese Bemerkungen von Weißglas veröffentlicht hat, erklärte er: »Es kam so: wir sprachen Verse vor uns hin, die zu Gedichten gerannen.«[59]

Celan hat schon früh ein distanziertes Verhältnis zu Weißglas eingenommen. In einem Brief an den Czernowitzer Schulfreund Gustav Chomed vom 26. Februar 1962 heißt es: »Von Weißglas weiß ich so gut wie nichts; aber ich habe ihn bis Ende 1947 denn doch oft genug gesehen, um Dir sagen zu dürfen, dass alles Unsauber-Mimetische, das ihn schon in früheren Zeiten auszeichnete, zu einiger Weiterentfaltung gelangt ist.« Und in einem weiteren Brief vom 3. Mai fügt Celan hinzu: »Charakter war nicht gerade sein hervorstechendster Wesenszug.«[60]

Das Erstaunliche an der *Todesfuge* ist, wieweit sie sich bereits vom Czernowitzer Ton entfernt hat und wie sehr sie sich deshalb auch von Celans eigenen Czernowitzer Gedichten unterscheidet. Vieles scheint bereits auf Erfahrungen hinzuweisen, die Celan erst in Bukarest gemacht haben kann: in der Begegnung mit Dichtern, die stark vom Surrealismus beeinflusst waren, und generell durch die stärkere Auseinandersetzung mit der westlichen Moderne. Dennoch geht die Forschung grundsätzlich, und mit nachvollziehbaren Gründen, davon aus, dass die *Todesfuge* noch in Czernowitz oder unmittelbar nach seiner Ankunft in Bukarest entstanden sei. Eindeutiger Bezugspunkt ist eine fragmentarische Notiz in Celans Vorarbeiten zu seiner *Meridian*-Rede anlässlich der Büchnerpreisverleihung 1960, in der er allerdings zuerst »September« geschrieben hatte und dies dann in »Mai« korrigierte: »Als ich im (September) Mai 1945 die *Todesfuge* schrieb, ich hatte damals, in der Izvestia, wie ich mich zu erinnern glaube, die Berichte über das Lemberger Ghetto gelesen.«[61] Es existiert daneben eine sehr konkrete Erinnerung Alfred Kittners, der im Spätfrühling 1944 aus dem Lager nach Czernowitz zurückgekehrt war: »Nicht lange danach dürfte es gewesen sein, dass er mir eines Vormittags vor dem Eisengitter der Czernowitzer Erzbischöflichen Kathedrale in der Siebenbürgerstraße die kurz zuvor entstandene *Todesfuge* vorlas, die mir bei aller Bewunderung, die ich für sie empfand, allzu kunstvoll, zu vollendet dünkte, gemessen an den Schrecknissen, denen ich kaum entronnen war.«[62]

Seiner jungen Freundin Gisela Dischner gegenüber erinnerte sich Celan am 7. September 1967, dass er »ohne auszusetzen, wie unter Diktat, die *Todesfuge* schrieb«, und am 17. November 1967 erklärte er ganz dezidiert: »*Die Todesfuge* ist im Frühjahr 1945 in Bukarest entstanden, im Schmerz und aus ihm, unmittelbar.«[63] Hatte also das Gedicht tatsächlich bereits im Mai 1945 jene Gestalt, in der wir es kennen? Gedruckt wurde es auf jeden Fall zum ersten Mal am 2. Mai 1947 in Bukarest auf Rumänisch in der Zeitschrift *Contemporanul,* in der Übersetzung des Freundes Petre Solomon. Der Titel lautete hier interessanterweise noch *Tangoul mortii,* also *Todestango.*

Einige Anhaltspunkte, die es zur Entstehung gibt, irritieren. Am 19. Mai 1947 bat Ernst Schönwiese, der Literaturredakteur des Senders *Rot-Weiß-Rot* in Wien, den Bukarester Literaturimpresario Alfred Margul-Sperber um Empfehlungen. Dieser schickte ihm im Wesentlichen eine von Celan selbst zusammengestellte Gedichtauswahl, die Sperber im Herbst 1946 auch schon an den Zürcher Literaturredakteur Max Rychner gesandt hatte. Die *Todesfuge* war darin jedoch noch nicht enthalten gewesen. Jetzt aber, im Frühjahr 1947, fügte Celan sechs weitere Gedichte hinzu, darunter an erster Stelle die *Todesfuge.* Es gäbe also durchaus Indizien dafür, dass dieses Gedicht in seiner bekannten Form erst später in Bukarest entstand, in einem Prozess und nicht in einem herausgehobenen Moment der Eingebung. Aber das muss natürlich eine Spekulation bleiben. Die literarischen Erfahrungen Celans in Bukarest führten jedenfalls zu einer erkennbaren Veränderung seiner Gedichte, die surrealistischen Wortspiele mit seinem Freund Petre Solomon trugen gewiss dazu bei. »Als Partisan des erotischen Absolutismus (...)« (im rumänischen

Original: »Partizan al absolutismului erotic«)[64] – solche Wörter hatte er in Czernowitz noch nicht gebraucht.

Dennoch ist der spezielle Kosmos der Bukowina und des Habsburg-Nachklangs für Celan grundsätzlich bedeutsam. Besonders der Einfluss Rilkes geht über die frühen Gedichte weit hinaus. Es ist etwas in ihnen angelegt, was auch die weiteren Entwicklungsphasen von Celans Lyrik prägt. Dabei geht es um einen bestimmten Duktus und um die Art, wie Literatur und Leben ineinandergreifen.

In den Anfängen Celans ist der Grundton angeschlagen: in der Art der Reime, der daktylischen Verse, der wehmütig konjunktivisch ausklingenden Zeilen oder dem Enjambement. Das Gedicht *Umsonst malst du Herzen ans Fenster* spielt unverkennbar auf Rilkes *Cornet* an. »Kein ankerloses Tasten stört die Hand«, die erste Zeile des chronologisch wohl ersten überlieferten Celan-Gedichts, ruft das *Buch der Bilder* auf. Zentrale Rilke-Motive wie Herz, Rose, Haus, Stern, Stein oder Baum sind beim jungen Celan allgegenwärtig und werden von ihm zeit seines Lebens weiterentwickelt. Den atmosphärisch dichtesten Eindruck gibt ein Brief Celans vom 2. Juni 1961 an Friedrich Michael wieder, dem früheren Leiter des Insel Verlags: »An die Literaturgeschichte von Heinemann und an das darin vor wohl fünf Lustren aufgeschlagene Rilke-Gedicht habe ich in den letzten Wochen oft gedacht. ›... und schreiten einzeln ins Imaginäre‹ –: das war für mich, den damals (und ›manche Nacht‹) bis zu Dehmel Gekommenen, *das* Ereignis. Und wie mich damals, auf der Straße und im Gehen, die Enjambements aufregten! Es war in Czernowitz, hinter den Bergen also – wo es (...) denn doch keine Leute geben darf –, es war in Czernowitz und in der Armeniergasse, – ja, es war ein Ereignis. C'est là – erlauben Sie es dem Büchner-L e s e r Paul Celan, es mit diesen welschen Worten zu sagen –, c'est là, ma foi, que la poésie m'a enjambé!«[65]

Die Zeitzeugen aus Czernowitz, die Israel Chalfen für seine Biografie von Celans Jugend befragen konnte, berichten übereinstimmend von einem »Lesekreis«, dem außer Celan anfangs nur Mädchen angehörten und in dem er die Dichtung Rilkes rezitierte. Einmal berichtet Chalfen gar davon, dass Celan so begeistert vom *Cornet* gewesen sei, dass er eine ganze Nacht durchwandert habe, um Freunden im Nachbardorf daraus vorzulesen: »Es gab ein großes Hallo.«[66]

Das Rezitieren spielte eine äußerst wichtige Rolle. Es ist zum Verständnis Celans wesentlich, dass zu den Gedichten von Anfang an der mündliche Vortrag gehörte – und vor allem auch die Wirkung, die er dadurch erzielte. Bald ging er dazu über, explizit Theater zu spielen und mit Vorliebe Shakespeare-Szenen vorzuführen. Edith Silbermann erinnert sich, dass Celan dabei »mit Vorliebe den Part der Frauen, z. B. die Ophelia oder die Julia« sprach, und fügt hinzu: »Da er auch ein guter Stimmenimitator war, fiel es ihm – nicht zuletzt durch sein gewinnendes Äußeres – nicht schwer, der Mittelpunkt jedes geselligen Beisammenseins zu werden.«[67]

Die Czernowitzer Welt, die sich durch die deutsche Literatur über ihre Eigenarten verständigte, prägte den Dichter Paul Celan auf besondere Weise. Es ging dabei nicht um die Gegenwart und um Zeitgeschichte, sondern um eine klar konturierte, kulturell definierte Vergangenheit. Und es gab dafür einen eindeutigen Bezugspunkt. »Das Erreichbare, fern genug, das zu Erreichende hieß Wien«[68], sagte er in seiner Bremer Rede über das Lebensgefühl in seiner schon bei seiner Geburt dem rumänischen Staatswesen zugeschlagenen Heimat. Wien: Das war dabei in erster Linie das Burgtheater und die dort gepflegte Kunst der deutschen Sprache. Es ist von erheblicher Bedeutung, dass es auch bis weit in die dreißiger Jahre hinein viele Gastspieltourneen deutschsprachiger Theater in Czernowitz gab. »Das Stadttheater war immer gut besucht, bei Gastspielen ausverkauft« heißt es in einem biografischen Rückblick Rose Ausländers, in dem sich auch einige vielsagende Sätze über den Lebensstil des »intellektuell orientierten Teils der Bevölkerung« finden: »Weltfremdheit und Nichtbeachtung der umdüsterten Realität als Ausdruck des Lebens in einer als ›wesentlichere Wirklichkeit‹ empfundenen Welt der Ideen und Ideale«[69] – die Kunst also als wichtigster Orientierungspunkt, der über die reale politische Situation hinausweist und sie transzendiert.

Der alles überragende Schauspieler dieser Jahre war bis zu seinem Tod 1935 Alexander Moissi, ein von Tournee zu Tournee reisender Bühnenstar aus Triest, dessen Muttersprache Italienisch war, der aber in Berlin und Wien berühmt wurde. Sein Deutsch hatte einen charakteristischen mediterranen Akzent, etwas Fremdes, Singendes, das aber gerade deswegen nach der Erfahrung des Ersten Weltkriegs eine neue Grundspannung vermittelte, eine Theatralik, die bis ins Letzte der Empfindungen ging. Vor allem bei seinen Soloauftritten sprachen ihm die zeitgenössischen Beobachter schier hypnotische Fähigkeiten zu.

In Czernowitz wurde ein mehrtägiges Gastspiel von ihm legendär. Und das hatte auch mit den veränderten politischen Umständen zu tun. Moissi spielte den Franz Moor in Schillers *Räubern* in der Zeit, als Czernowitz erst vor wenigen Jahren rumänisch geworden war. In einer nationalistischen Aktion sprengten rumänische Studenten die Vorstellung und initiierten einen Kampf um die Sprache. Moissi aber blieb noch eine Woche lang in der Stadt und trat jeden Abend im Musikverein auf. Er rezitierte dabei die herausragenden Stücke aus seinem Repertoire, in seinem italienischen, ein bisschen auch ins Östliche reichenden Deutsch, denn sein Vater war Albaner gewesen – und dass sich sein Deutsch in diesen Tagen untrennbar mit dem in ähnliche Richtungen weisenden Czernowitzer Deutsch verband, erschien wie ein zwangsläufiges Ergebnis der allgemeinen Situation.

Für Celan muss die Fama dieses Moissi-Aufenthalts eine nachhaltige Wirkung gehabt haben. Wenn man nämlich die früheste Rundfunkaufnahme hört, die es von ihm gibt – sie wurde wenige Tage nach seinem Auftritt bei der Gruppe 47 im Mai 1952 im Studio des NWDR in Hamburg aufgenommen –, wird man unmittelbar an die wenigen Tonaufzeichnungen Moissis erinnert. Es gibt Schellackplatten, auf denen dessen Stimme mit seinen Smash-Hits zu hören ist: Das *Schlaflied für Mirjam* des Wiener Fin-de-siècle-Protagonisten Richard Beer-Hofmann gehört dazu, Emile Verhaerens Gedicht *Novemberwind* oder eine Partie aus Shakespeares Hamlet-Monolog *Sein oder Nichtsein*. Diese sehr einprägsame Stelle trägt Moissi in einer Weise vor, die wie aus der Zeit gefallen scheint und in frühe Märchen- und Sagenwelten führt: »schlafen, schlafen, vielleicht auch träumen« – er dehnt die Silben genauso wie die Pausen zwischen den Worten. Es ist eine sich in unnennbare Sehnsüchte hineinfühlende Artikulation, leise und eindringlich, identifikatorisch und illusionistisch und musikalisch ausschwingend, ganz das Gegenteil dessen, was sich dann nach 1945 als schauspielerische Haltung durchgesetzt hat. Paul Celans Lesung seiner Gedichte indes ist in der Tonlage, in der Art und Weise, Wirkung zu erzeugen und die Sprache klingen zu lassen, Moissi zum Verwechseln ähnlich: »So schlafe, und mein Aug wird offen bleiben (...)« – er »singt« genauso wie der große Schauspieler. Die Beeinflussung durch einen Vortragsstil, den Moissi in den zwanziger und dreißiger Jahren zur Perfektion getrieben hatte und der durch den Geschichtsbruch in der Mitte des zwanzigsten Jahrhunderts für viele nicht mehr zeitgemäß erschien, ist hier unverkennbar. Es ist ein verblüffender Effekt: Selbst in der Modulation seiner Stimme, seiner dialektalen Färbung, die dem tranceartigen Gleiten erst den unverwechselbaren Charakter verleiht, sind sich Moissi und Celan nahezu gleich.

Es geht Celan um einen Zauber, den er in den glücklichen Jahren des Abiturs in Czernowitz erlebt hat, bei den Rilke-Rezitationen und den Theaterszenen, es geht ihm vielleicht so wie Stefan Zweig, der über Moissi schrieb: »Die Stimme schmeichelt sich selber, rollt wie eine Katze ihren Knäuel spielend die Treppe hinauf und hinab, den angesponnenen Gedanken in musikalisch steigenden und abfallenden Oktaven die ganze Skala des klingenden Kehlinstruments entlang. Manchmal schließt man einen

Liderschlag die Augen, um seine Rede nur als Musik zu fühlen ...«[70]

Es ist allerdings ein Balanceakt, eine Spannung, deren existenzielle Dimension unterschiedlich wahrgenommen werden kann. Franz Kafka hatte hier einen besonderen Instinkt. Am 28. Februar 1912, nach einem Vortragsabend Moissis in Prag, vertraute Kafka sich seinem Tagebuch an, durchaus ein bisschen verstört und irritiert – und wer will, kann bei ihm bereits heraushören, wie parallel dazu Celans Vortragsweise wahrgenommen werden konnte: »Singen einzelner Verse gleich zu Beginn zum Beispiel: ›Schlaf Mirjam, mein Kind‹, ein Herumirren der Stimme in der Melodie; scheinbar wird nur die Zungenspitze zwischen die Worte gesteckt; Teilung des Wortes November-Wind, um den ›Wind‹ hinunterzustoßen und aufwärts pfeifen lassen zu können. – Schaut man zur Saaldecke, wird man von den Versen hochgezogen.« Und weiter: »Manche Worte wurden von der Stimme aufgelöst, sie waren so zart angefasst worden, dass sie aufsprangen und nichts mehr mit der menschlichen Stimme zu tun hatten, bis dann die Stimme notgedrungen irgendeinen scharfen Konsonanten nannte, das Wort zu Ende brachte und schloss.«[71]

So, wie Celan seine Gedichte bei der Gruppe 47 gelesen hat, hat er sie auch kurz danach im Rundfunkstudio gesprochen. Er war dadurch bestätigt worden, dass er direkt nach seinem Auftritt in Niendorf einen Verlagsvertrag angeboten bekam und nun das erste Rundfunkhonorar in Aussicht stand, etwas, was für einen freien Schriftsteller in diesen Jahren den Königsweg darstellte. Der Czernowitzer Theaterton war für ihn ein Halt. Er gehörte zur deutschen Sprache, die ihm allein noch zur Verfügung stand als Möglichkeit, sich zu verorten. Man bekommt beim Hören dieses Tonbands eine Vorstellung davon, wie es auf seinem viel umraunten Auftritt vor der durchaus heterogenen Gruppe 47 geklungen haben mag – und wie fern das wohl einigen erschienen ist. Die Sozialisation der dort versammelten deutschsprachigen Dichter war eine völlig andere als die Celans: Einige hatten den Nationalsozialismus in Deutschland schon als Erwachsene erlebt und waren durchdrungen von dem Verlangen, dass eine literarische Sprache nach dieser geschichtlichen Katastrophe nur radikal nüchtern und sachlich sein könnte. Zudem war die Großstadt des zwanzigsten Jahrhunderts, vor allem Berlin, aber auch Frankfurt, München oder Hamburg, als Erfahrungsraum für die meisten der Beteiligten gegenwärtig. Wenn es um Lyrik ging, bewegte man sich zwischen so entgegengesetzten Polen wie Erich Kästner und Gottfried Benn, und gesprochen konnte man sich Gedichte nur so vorstellen, wie es solche Dichter taten: karg, ohne große Variationen der Stimmlage.

Celan bewegte sich allein durch die Art seiner Vortragsweise in einem völlig anderen Koordinatensystem, und der eine oder andere der bei der Gruppe 47 Versammelten, vor allem ihr Chef Hans Werner Richter, assoziierte dabei automatisch die Lyrik, gegen die man sich wandte und die in den frühen Jahren der Bundesrepublik vorherrschte: die religiöse Dichtung eines Rudolf Alexander Schröder etwa. Damit hatte Celan zwar nichts zu tun, aber manche Hörer konnten ihn kaum woanders einordnen. Obwohl Celan auch sofort Fürsprecher fand, vor allem bei den zahlreichen jüngeren Teilnehmern der Tagung und der mit ihm angereisten Gruppe aus Wien – eine Irritation blieb.

Sie ist auch in den Erinnerungen spürbar, die einige der damals Anwesenden noch mehr als vierzig Jahre später zu Protokoll gaben. Walter Hilsbecher meinte hier zwar, dass ihm von den Vortragenden Bachmann und Celan den »bedeutendsten Eindruck« machten, aber er fügte sofort hinzu: »Celan hatte es schwer allein durch die Art seines Vortrags.«[72] Heinz Friedrich betonte ebenfalls sein »Unverständnis« bei der Lesung Celans: Es »resultierte sicher auch aus dem larmoyanten Vortragsstil des Autors«.[73] Und Günter Grass, der mehrere Jahre in Paris wohnte und in dieser Zeit mit Paul Celan durchaus enger befreundet war, sagte 1996, trotz aller Bewunderung und Verbundenheit, in einem Radiointerview immer noch kopfschüttelnd, dass Celan mitunter etwas »Priesterliches« gehabt habe: »Das Merkwürdige ist, dass er dieses Priesterliche selbst herstellte. Das war unerträglich, so verschmockt, mit Kerzenlicht und so. Er sah den Dichter als Seher, und dann ist der Schritt zum Priester und diese Stefan-George-Weihe naheliegend. Natürlich war er auch ein Darsteller seiner selbst. Natürlich ist das so, wenn man wie Stefan George auftritt: dann stellt man ihn dar! Und das in einer Zeit wie dieser! Mich stieß das ab, und das sagte ich ihm: die Art wie er die Gedichte liest und wie er sich darstellt, das würde seinen Texten widersprechen. Er war ein miserabler Interpret seiner Gedichte.«[74]

Andererseits gibt es etliche Stimmen, die Celans Gedichtlesungen auch als magische Erlebnisse schildern, Hans Mayer etwa erinnerte sich an Auftritte Celans in Tübingen und Hannover, bei denen »es ihm nach wenigen Momenten gelungen« war, »den Bannkreis zu ziehen«.[75] Und Gisela Dischner, die als Literaturwissenschaftlerin später auch ein großes Buch über Rilke schrieb, erinnert sich: »Er war ein wunderbarer Vorleser – nicht nur seiner eigenen Gedichte. Er las mit einem langen Atem, und dies ließ mich länger und tiefer durchatmen – die ›Atemwende‹ vom Ein- zum Ausatmen bewusst erlebend. Er realisierte, wovon er in den Gedichten sprach.«[76]

Es bleibt etwas Widersprüchliches, ein Zusammentreffen verschiedenster Zuschreibungen, die für Celan charakteristisch sind. Er war in der Bundesrepublik nicht nur seinen Gegnern, sondern des Öfteren auch seinen Freunden fremd. Und der Keim dafür liegt vielleicht in einer harmlos erscheinenden Begebenheit, die Celan am 18. November 1954 in einem Brief an Hans Bender beschrieb: »Im Zusammenhang mit der Frage nach dem Warum meines Dichtens habe ich mich auf meine erste Begegnung mit der Poesie zu besinnen versucht: ich war sechs Jahre alt und konnte *Das Lied von der Glocke* aufsagen ... Wer weiß, ob der Eindruck, den das auf meine Zuhörer machte, nicht alles Weitere ausgelöst hat ...«[77]

Kapitel 3

Der größte aller Abendkönige

Die Suche nach Anerkennung in der
Bundesrepublik. Demus, Jünger, Mohler

Der Friedhof in Paris, auf dem Paul Celan begraben ist, weist ihn als »poète autrichien« aus, als österreichischen Dichter. Dies ist in einem höheren Sinn richtig, doch es kann nur das Österreich vor seiner Geburt gemeint sein, das ehemalige Habsburgerreich. Celan lebte später tatsächlich für ein halbes Jahr in Wien. Es war das einzige Mal, dass er sich länger im deutschen Sprachbereich aufhielt, aber es blieb nur eine Durchgangsstation zwischen Bukarest, von wo er Ende 1947 geflohen war, und Paris, das als geheimer Fluchtpunkt schon früh feststand. Das Wien direkt nach 1945 konnte für ihn keine Heimat sein, es war voller Fallstricke. Dennoch lernte er dort auch Menschen kennen, die ihm lebenslang nahestanden. Was aus der Liaison mit der jungen, unbekannten Dichterin Ingeborg Bachmann werden würde, stand im Wien des Frühsommers 1948 noch in den Sternen. Der ebenso junge Klaus Demus wurde jedoch in der ersten, als einsam und verloren empfundenen Zeit in Paris bald einer seiner wichtigsten Ansprechpartner.

Es entspann sich ein reger Briefwechsel, und die Tonlage, in der er geführt wurde, ist sehr aussagekräftig. Indirekt wird spürbar, dass Celan in engeren literarischen Kreisen Wiens durchaus Eindruck gemacht hatte. Er fand dort schnell Anschluss an die jüngere Künstlerszene, vor allem an einen Kreis um den surrealistischen Maler Edgar Jené, und die Zeitzeugen berichten, dass eine ungewöhnliche, an die verlorene K.-u.-k.-Monarchie gemahnende poetische Aura um ihn zu spüren gewesen sei. Der sieben Jahre jüngere Klaus Demus geriet in den Bann Celans, und er schrieb ihm nach Paris: »Mein sehr lieber Paul Celan! Ich denke so sehr an Sie wie an eine Person im Traum. Immer und immer. Und Ihre Gedichte sind mir so vertraut wie eine Kindheitslandschaft, und doch immer neu, wie die Erinnerungen und das Denken. Seit ich jetzt öfters bei Jené bin (danke sehr dafür –), stehen Sie nun ganz wirklich an der Stelle in meinen Denken, die in der Mitte für ein Idol da ist.«[78]

Dieser Ton muss für Celan wie eine Fortsetzung seiner jugendlichen Dichterzirkel in Czernowitz gewesen sein, in der er der bewunderte Mittelpunkt war. Der 1927 geborene Klaus Demus stammte aus einer klassisch österreichischen ‚bildungsbürgerlichen Familie. Sein Vater Otto Demus war ein bekannter Byzantinist und Kunsthistoriker, der 1963 Ordinarius für Kunstgeschichte an der Universität Wien wurde, der Sohn Klaus arbeitete bis zu seiner Pensionierung 1987 als Kustos im Kunsthistorischen Museum Wien. Als zentral empfand Klaus Demus aber die Lyrik: In seinen Gedichten knüpfte er an die Tradition an, mit Fixpunkten wie Hofmannsthal oder Rudolf Borchardt, daneben bewunderte er Ernst Jünger und Heidegger. Wenn man Paul Celans Bewusstsein mit bedenkt, als deutsch-jüdischer

Dichter im zwanzigsten Jahrhundert zu stehen, schien der Abstand zu Demus sehr groß zu sein. Am 17. November 1955 formulierte Demus, was für ihn zählte: »Mir bedeutet der Raum hier viel, soweit vom Alten, Unzerstörbaren noch etwas übrig ist, und es ist genug. Noch lässt es sich hier im Geistigen gut leben, wenn man in starker eigener Sache auf das Deutsche sieht. Die Landschaft, die Wälder, Wiesen und Kirchen wollen wir Euch zeigen, da hat sich nichts verändert, und der Blick über das Eigene ist hier seit Grillparzers, Stifters und Hofmannsthals Zeiten wissender und reicher als in Deutschland.«[79]

Das ist freundschaftlich und gut gemeint, musste aber für einen knapp den Nationalsozialisten entronnenen Juden wie Celan doch eher zwiespältig wirken. »Da hat sich nichts verändert« – Celan betonte später vielfach, dass sich nach dem Massenmord an den Juden grundsätzlich alles geändert hatte, gerade auch, »wenn man in starker eigener Sache auf das Deutsche« sah. Für ihn ließ sich in diesem »Geistigen« nicht unbedingt so »gut leben«. Das Deutsche an Wien hatte in ihm schnell den Entschluss bekräftigt, nach Frankreich auszuwandern. Dennoch war er in der Lage, sich darin einzufühlen, was Klaus Demus meinte: Es gab eine gemeinsame Verbindung in der deutschen Literatur. Das war das Entscheidende. Celan hat mit dem jüngeren Wiener Freund und dessen Frau Nani, daran erinnerten sie sich später, kaum über seine jüdische Identität gesprochen, das Jüdische wird in der ersten, intensiven Phase dieses Briefwechsels nirgends thematisiert. Aber Celan vertraute Demus, und dieses Vertrauen hatte etwas, so unterschiedlich die Ausprägungen auch sein mochten, mit dem Dichterischen zu tun. Bald sprachen sich die beiden gegenseitig mit »Bruder« an. Der Altersunterschied wurde im Lauf der Jahre überlagert. Eine große Rolle spielte dabei die Unbedingtheit, mit der Demus an den Lyriker Celan glaubte, die ungeheure Bewunderung, die pathetischen Ausrufe, getragen von einem wahren, »höheren« deutschen Geist aus Sprache und Dichtung. Am 1. Januar 1951 schrieb Demus: »Mein lieber, lieber Paul. Es sind Deine Worte, die mich begleiten, es ist Deine Stimme, die zu mir spricht. Du bist der größte aller Abendkönige. Du bist die Stelle, wo vor Mitternacht das Herz noch schlägt. Das Rad im Dunkel, das Dich treibt – Du bist es selbst, ders treibt. Und keine andere Hand ist, der Dus abgiebst. Du weißt wohl, was Du musst. Und, Paul: wir wissen es mit Dir. Du kreist vielleicht um den Gott des Stundenbuchs!«[80]

Dies waren Töne, die aus der Gegenwart um 1950 wegführten, doch Celan schien für solche an Rilke gemahnende Anrufungen empfänglich zu sein. Der enorme Umfang des Briefwechsels zwischen den beiden Freunden liegt vor allem daran, dass Demus sehr lange Briefe schrieb, er schickte Celan auch viele Gedichte und lyrische Prosa. Celan meldete sich über längere Strecken gar nicht, und wenn, dann eher kurz. Dennoch fühlte er sich Klaus und Nani Demus sehr nah. Eine besondere Rolle spielte dabei, dass Nani Demus Ingeborg Bachmann kannte. Und auch ein weiterer interessanter literaturgeschichtlicher Aspekt taucht dabei auf: Als enthusiastischer Leser Ernst Jüngers eröffnete Klaus Demus Celan die Möglichkeit, mit diesem nach 1945 äußerst berühmten Schriftsteller in Kontakt zu treten. Es ging darum, im Literaturbetrieb der jungen Bundesrepublik Fuß zu fassen, der sehr stark von den sogenannten »inneren Emigranten« dominiert wurde, den mittlerweile fünfzig- bis siebzigjährigen lange geübten Netzwerkern.

In Paris lebte Celan außerhalb des deutschen Sprachraums und von der entsprechenden Öffentlichkeit abgeschnitten. In Wien hatte er in den Kreisen der dort noch nachhallenden surrealistischen Bewegung zwar Interesse erregt, in Deutschland hingegen war er immer noch völlig unbekannt. Celan versuchte über die Jahre hinweg vergeblich, Kontakte zum bundesdeutschen Literaturbetrieb zu knüpfen. Am besten lässt sich das an den poetologisch wichtigen Briefen an den Schweizer Redakteur Max Rychner verfolgen, mit dem schon in Bukarest eine Verbindung durch die Empfehlung Alfred Margul-Sperbers zustande gekommen war. Bereits im November 1946 hatte Celan an Rychner von dort aus geschrieben: »Ich will Ihnen sagen, wie schwer es ist, als Jude Gedichte in deutscher Sprache zu schreiben. Wenn meine Gedichte erscheinen, kommen sie wohl auch nach Deutschland und – lassen Sie mich das Entsetzliche sagen – die Hand, die mein Buch aufschlägt, hat vielleicht die Hand dessen gedrückt, der der Mörder meiner Mutter war ... Und es könnte noch furchtbarer kommen ... Aber mein Schicksal ist dieses: Deutsche Gedichte schreiben zu müssen. Und ist die Poesie mein Schicksal (...), so bin ich froh, Anlass zu Ihrem so schönen Gleichnis vom aufgesprengten Bannkreis zu sein (...)«[81] Aus Paris schrieb Celan im Oktober 1948 an Rychner: »Wieder habe ich über Monate nichts geschrieben«, und fügte hinzu: »Vielleicht sollte es mir gelingen, Gedichte zu schreiben, ohne an ihre Veröffentlichung zu denken.« Im März 1949 bekannte er, »dass etwas Unnennbares mich lähmt«, und er fand dazu ein Bild, das an Franz Kafka gemahnt: Wenn eine Tür sich öffne, sehe er dabei zu, wie er »solange zögere, bis diese Tür sich wieder schließt«. Und schließlich folgt das Eingeständnis: »Je krampfhafter ich mich an meine Gedichte klammere, desto weniger kann ich für sie tun. Mein Ehrgeiz scheint so groß zu sein, dass es mir die Hände fesselt.«[82]

Lange Zeit blieb ein durch Marie Luise Kaschnitz initiierter Abdruck in der Heidelberger Zeitschrift *Die Wandlung* der einzige Erfolg.[83] Der Düsseldorfer Karl Rauch Verlag druckte immerhin eine Übersetzung von ihm[84], doch die Verzweiflung, die in einem Brief an seine kurzzeitige holländische Geliebte Diet Kloos-Barendregt zum Ausdruck kam, als derselbe Verlag Celans eigene Gedichte ablehnte, kann stellvertretend für seine Erfahrungen stehen. Die Zurückweisung durch Karl Rauch führte Celan zu dem Bekenntnis: »Immerhin, ich bin lange nicht so gefeit gegen das Wort der Welt, auch wenn es so eindeutig unwissend ist wie im Brief des Verlegers, um nicht wenigstens für eine Weile zu versinken.«[85]

Celan wollte öffentlich als Dichter wahrgenommen werden. Dem ordnete er andere Erwägungen im Zweifelsfall auch unter. Im September 1950 bot Demus Celan zum ersten Mal an, als Vermittler Jünger gegenüber in Erscheinung zu treten, und er wiederholte dies des Öfteren. Celan blieb längere Zeit reserviert, doch am 18. Mai legte Demus dann in einem Brief an Jünger den »dringenden Fall« Celans dar. Am 11. Juni 1951 schrieb Celan dann tatsächlich selbst einen Brief an den alten Frontkämpfer des Ersten Weltkriegs und Verherrlicher des Soldatischen. Er ist psychologisch sehr aufschlussreich.

Celan wusste sicher, was es mit diesem Autor, der 1926 mit der *Standarte* eine *Wochenschrift des neuen Nationalismus* herausgegeben hatte, auf sich hatte. »Wir können gar nicht national, ja nationalistisch genug sein« oder »Ich hasse die Demokratie wie die Pest« waren typische Äußerungen Jüngers jener Zeit.[86] Er hasste demgemäß auch den »Zivilisationsjuden«, der aus seiner Heimatlosigkeit eine entsetzliche Tugend mache. 1930 schrieb Jünger, dass einem Juden nie auch nur eine einzige Strophe im Geist Hölderlins gelingen könne, selbst wenn er tausend Jahre daran arbeiten würde.[87] Er gehörte zu den aggressivsten Wegbereitern der nationalsozialistischen Herrschaft. Seit den dreißiger Jahren hatte sich das Movens von Jüngers Sprache allerdings etwas verlagert, ohne die Grundhaltung zu verändern. Es ging ihm nunmehr darum, eine aristokratische Elite gegen den gemeinen Plebs hochzuhalten – denn diesen verkörperten die NS-Chargen mittlerweile für ihn. Die »Kriegerkaste« gegen das »Larvengelichter«: Er verachtete die Nazis jetzt als gemeine Masse, über die sich der deutsche Geistesmensch erhebt und in diesem Sinn der wahre »Krieger« ist.[88] Aber es blieb dennoch dieselbe Sprache, derselbe Gestus wie derjenige, mit dem Jünger am Ende der Weimarer Republik die Nationalsozialisten gegen die Demokraten unterstützt hatte. Nach 1945 bekam das eine ungeahnte Aktualität: Auch hier bekamen nach einer kurzen Anlaufzeit Ideologen wieder eine große

Konjunktur, die die Nazis und die Demokraten gleichermaßen ablehnten, aus einer sich überlegen wähnenden, elitären Position.

Ernst Jünger wurde in dieser Hinsicht schnell zu einem der Wortführer, und sein Einfluss im kulturellen Milieu der sich konstituierenden Bundesrepublik war entsprechend groß. Am 11. Juni 1951 schrieb Paul Celan an Ernst Jünger: »Wie schwer ist es doch, diesen Zeilen die Richtung zu geben, die in Ihre Nähe weist! Im Grunde können sie wohl nur die Hoffnung umschreiben, Sie möchten das beigeschlossene Manuskript an einer Stelle aufschlagen, die Ihrem Entgegenkommen zu danken weiß.«[89]

Bereits dieser Anfang zeigt, welch schwieriger, gewundener Brief dies ist. Celan versucht darin, die widersprüchlichen Motive zu vereinen, die ihn umtreiben. Er möchte sich selbst, aber auch Ernst Jünger gerecht werden und thematisiert, den gesamten Brief hindurch, indirekt den Abstand zwischen dem Juden und dem deutschen Wehrmachtsoffizier. Celan möchte aber vor allem im Sinne der Literatur gehört werden: »Auf vielerlei Wegen habe ich zu Ihrer Welt hinübergedacht und Ihnen zu begegnen versucht – aber das Zeichen, unter das ich mich stellte, schien mir nicht recht zu denjenigen zu gehören, die es vermocht hätten, Ihr Auge auch für die Gestalt unter ihm zu gewinnen.« Er sei »jedesmal ins Stocken« geraten, wenn er sich »zu den Worten vortastete«, die er seinen Gedichten »vorausschicken müsste«. Der Brief endet mit den Sätzen: »Nun hat ein Freund – der einzige – es auf sich genommen, Sie um das zu bitten, was mir so schlecht gelingen will: sein Brief geht diesen Zeilen voraus. Dass dies geschieht, mag Ihnen nun merkwürdig erscheinen. Aber die Hand, die jetzt an meiner Statt an Ihre Tür klopft, gehört zu denjenigen, die man im Nu erkannt hat – hat man sie doch selber geformt! – die man ohne Zögern und in Zuversicht ergreift. Nun darf auch ich kommen und meine Gedichte auf Ihren Tisch legen.«

Die Hand von Klaus Demus können beide ergreifen, Celan wie Jünger. Man stockt dennoch, wenn man liest, wie Celan an Jünger unterzeichnete: »In Dankbarkeit und Verehrung«. Die Bandbreite im bundesdeutschen Literaturbetrieb schien nicht sehr groß zu sein, und die innere Zerrissenheit Celans hatte sicher mit seinen Bestrebungen zu tun, damit umzugehen. Es war für ihn nicht so eindeutig, wie es heutigen Lesern erscheinen mag, dass von Ernst Jünger, den er durchaus als eine Instanz ansah, keinerlei Antwort erfolgen würde. Die Verbindung zwischen Klaus Demus, dem er sich in seinem Kunstbegriff sehr nahe fühlte, zu Ernst Jünger war evident. Von der Ablehnung Jüngers erfuhr Celan durch eine Notiz von dessen Sekretär Armin Mohler. Umso interessanter erscheint es, dass danach ein Kontakt zwischen Celan und Mohler existierte, dessen weltanschauliche Ausrichtung sich mit derjenigen Jüngers so gut wie lückenlos deckte. Es wirkt frappierend, dass Celan in der Zeit, in der Mohler am Rand von Paris wohnte, ein paarmal sogar nach Bourg-la-Reine kam: »Man traf sich im ›Deux Magots‹ in Paris, telefonierte miteinander und besuchte sich auch zu Hause.«[90] Im Gästebuch der Familie Mohler finden sich am 17. August 1957 vier Zeilen Celans, die danach im Gedichtband *Sprachgitter* im Eröffnungszyklus *Stimmen* stehen sollten:

»Stimmen vom Nesselweg her: / Komm auf den Händen zu uns. / Wer mit der Lampe allein ist, / hat nur die Hand draus zu lesen.«[91]

Wie ist das, im Gästebuch eines Mannes mit explizit völkischer Gesinnung, zu verstehen? Seinem späteren Bild in der Literaturgeschichte entspricht das Verhalten Celans kaum. Es gibt viele Anzeichen dafür, dass sich Celan nicht in der Lage sah, zwischen den Deutschen nach 1945 differenzieren zu wollen – und wenn, dann allenfalls auf sarkastische Weise. Als Mohler ihn fragte, warum er ausgerechnet ihn kennenlernen wollte, soll Celan geantwortet haben: »Bei Ihnen bin ich mir sicher, dass Sie kein Philo-Semit sind ...«[92]

Den Zugang zum aktuellen deutschen Literaturbetrieb erlangte Celan jedenfalls nicht durch Jünger oder Mohler, sondern durch seine Wiener Freunde Milo Dor und Ingeborg Bachmann. Sie brachten ihn mit einer nicht genau definierten Institution in Kontakt, die aber immerhin eindeutig den Gegenpol zu einer Figur wie Ernst Jünger darstellte. Die von Hans Werner Richter zweimal im Jahr zusammengerufene »Gruppe 47« versammelte eher jüngere, eher unbekanntere und vom herrschenden literarischen Milieu eher ignorierte Schriftsteller. Richter war mit Milo Dor durch gemeinsame literarische Vorlieben verbunden, die in erster Linie dem realistischen Roman mit reportagehaften Elementen galten. Er wollte den Einflussbereich der Gruppe 47 vergrößern und hatte auf der Suche nach Kontakten Wien besucht. Dort war er auch auf Ingeborg Bachmann gestoßen, die er spontan zur nächsten Tagung der Gruppe 47, die im Mai 1952 im Ostseebad Niendorf stattfand, einlud. Und sie war es, die ein starkes persönliches Interesse daran hatte, dass Hans Werner Richter dabei auch Paul Celan berücksichtigte. Es gelang ihr, diesen ebenfalls ins Spiel zu bringen. Vermutlich gab das, nachdem auch Milo Dor auf Celan hingewiesen hatte, den Ausschlag. Sie informierte Celan im November 1951 darüber. Bachmann war in dieser Phase, im Vorfeld der Tagung der Gruppe 47, entschlossen, auch privat wieder um Celan zu kämpfen – nach einem Besuch von ihr in Paris war es zwischen ihnen zu einem Bruch gekommen.[93] Sie lockte Celan mit der Argumentation, die am meisten Erfolg versprach: »(Es wird) wichtig für Dich sein, weil die ganze deutsche Presse eingeladen ist, die Literaturleute der deutschen Sender etc., die sofort die besten Erzählungen, Gedichte etc. kaufen.«[94]

Hans Werner Richter hatte, das merkt man diesen Worten an, da wohl eine ziemlich erfolgreiche Lobbyarbeit betrieben. Die Gruppe 47 hatte sich inzwischen zwar schon etabliert, aber sie besaß längst noch nicht den Einfluss, den man zehn Jahre später mit ihr verband. In der Gruppe 47 fanden sich die verschiedensten Charaktere und Biografien. Sie verfolgte keine ausgesprochene »Ästhetik«, dazu waren die literarischen Positionen zu unterschiedlich. Mit der radikalen Ausnüchterung, die der ältere Kern um Hans Werner Richter im Sinn hatte, mit einer an Hemingway geschulten harten, realistischen Sprache hatte Celan keine Gemeinsamkeiten, mit der Kafka-Begeisterung der jüngeren Fraktion, die immer stärker wurde, aber durchaus. Es ist jedoch sehr wahrscheinlich, dass er die Gruppe 47 gar nicht kannte. Als die Tagung näher rückte, schrieb Ingeborg Bachmann an ihn die bezeichnenden Sätze: »Und lies unbedingt die *Todesfuge* – trotz allem – denn ich glaube, die Gruppe 47 ein wenig zu kennen.«[95]

Obwohl Celan eine vollkommen andere literarische Sozialisation hatte als die meisten Protagonisten der Gruppe 47 und in Paris vom aktuellen jungen bundesdeutschen Milieu kaum Notiz nahm, war es fast zwangsläufig, dass er irgendwann mit Hans Werner Richters Schriftstellervereinigung in Berührung kommen musste. Denn die Gruppe 47 war eines der wenigen öffentlich einigermaßen wahrgenommenen Foren, die unbekannten und von der Norm abweichenden Autoren offenstanden. Zudem war es, ohne dass dies formal in irgendeiner Weise fixiert und ohne dass über Politik gesprochen worden wäre, erkennbar eine intellektuelle Opposition in der beginnenden Adenauer-Ära. Ein politisch definierter Antifaschismus war auf jeden Fall atmosphärisch der Konsens, und das war in dieser Zeit keineswegs die Norm.

Eine besondere Konstellation auf dieser Tagung ist bisher völlig unbeachtet geblieben. In Niendorf nahm auch ein junger Autor teil, der wenige Jahre später als einer der ersten und mutigsten Journalisten die Kontinuität nationalsozialistischer Kader in Führungspositionen der Bundesrepublik anprangerte und vor allem versuchte, den Massenmord an den Juden ins öffentliche Bewusstsein zu rücken. Er legte mit seinen Zeitungsartikeln die Grundlage für den vom Frankfurter Generalstaatsanwalt Fritz Bauer initiierten Auschwitz-Prozess der sechziger Jahre. Thomas Gnielka las bei dem Treffen der Gruppe 47 einen Ausschnitt aus einem Roman vor, den er nie fertigstellte – wohl deshalb, weil es ihm kurz danach gelang, bei der *Frankfurter Rundschau* eine Serie zu starten, in der er ehemalige Aufseher und Verantwortliche des Konzentrationslagers Auschwitz aufspürte, ihre Existenz als harmlose und nach außen hin unbescholtene Bürger, zum Teil in verantwortungsvollen Positionen, enttarnte und Material für Anklageschriften erstellte, das die staatlich bestallte Jurisprudenz dieser Jahre zu beschaffen sich nicht willens oder in der Lage sah. Der Journalist recherchierte die Vorkommnisse im KZ Auschwitz, von denen öffentlich nie die Rede war, und verfolgte die Spuren der SS-Verbrecher.

Der 1928 geborene Gnielka war als Fünfzehnjähriger zur Deutschen Wehrmacht eingezogen worden und als Luftwaffenhelfer am KZ in Auschwitz eingesetzt. Es ging dabei um den Schutz der dortigen IG-Farben-Werke gegen Fliegerangriffe, und die Kindersoldaten bekamen die Haftbedingungen im angrenzenden Konzentrationslager dabei sehr genau mit. Er vergaß die Bilder nie, die sich ihm bei Betreten des Lagers boten, so sagte er in einem Porträt der Züricher Zeitung *Die Tat* am 9. November 1963, die ihn darüber interviewte, wie es zum Auschwitz-Prozess in Frankfurt gekommen war: »offene Gräber«, so hieß es da, »mit den Leichen der Häftlinge, die als nicht gehfähig vor dem Todesmarsch der anderen Lagerinsassen erschossen wurden, überall zwischen den Baracken Tote, im Häftlingskrankenhaus halbtote Häftlinge, die sich vor der Räumung des Lagers irgendwohin verkrochen hatten«. Gnielka betonte: »Zwei Stunden, bevor sowjetische Truppen das Lager erreichten und sowjetische Kameraleute ihre Aufnahmen machten, verließen wir das Lager.

Die Bilder des Films von der Befreiung, die ich später im Auschwitz-Museum gesehen habe, waren mir durchaus vertraut. So hat es damals ausgesehen.«[96]

Gnielka, der zusammen mit seiner Schulklasse aus einem liberalen Berliner Gymnasium im Januar 1944 dorthin abkommandiert war, arbeitete sich zeit seines Lebens an diesem Trauma ab. Er starb 1965 als Sechsunddreißigjähriger an Hautkrebs – dass es dabei einen Zusammenhang mit seiner Kriegserfahrung und seiner aufreibenden intensiven Auseinandersetzung mit den NS-Tätern gab, schien für seine Angehörigen und Kollegen evident zu sein.

Seine Biografie war für diese Zeit äußerst ungewöhnlich. Er floh im Februar 1945 von der Ostfront, tauchte in Berlin unter und schloss sich einer Widerstandsgruppe an. Nach dem Krieg absolvierte er ein Volontariat beim *Spandauer Tageblatt*, und eine Zeit lang verschlug es ihn auch nach München, wo er den umtriebigen Journalisten Hans Werner Richter kennenlernte. Als kaum Zwanzigjähriger begann er, *Die Geschichte einer Klasse* zu schreiben – so lautete der Titel seines geplanten Romans. Es war der erste, für ihn zweifellos notwendige Versuch, mit den Erfahrungen zurechtzukommen, die er in Auschwitz gemacht hatte. Das erhalten gebliebene Fragment ist 2014 aus dem Nachlass veröffentlicht worden, und eine Passage daraus hat er bei seinem Auftritt vor der Gruppe 47 vorgelesen – bei der Tagung, an der auch Paul Celan teilnahm.

Es handelt sich um eine lakonische, hyperrealistische Prosa mit vielen Dialogen. Man merkt in jedem Wort, wie zerstörerisch sich die Kriegserfahrung auswirkte. Es gibt weder etwas »Heldisches« noch etwas »Kameradschaftliches«. Das Grauen wird auf bedrängende Weise zwischen den Zeilen evoziert. Dabei fällt auf, mit welchem Formverständnis Gnielka operiert und durch Auslassung, durch Verknappung Wirkung erzielt. Jedem musste klar sein: Hier geht es um Auschwitz. Der vom Deutschen Reich verübte Massenmord an den europäischen Juden wird konkret benannt.

Gnielka bleibt ganz nah an seinen eigenen Erlebnissen. Nachdem die deutschen Mannschaften das KZ Auschwitz verlassen haben, betritt es, kurz bevor die sowjetische Armee eintrifft, die dahin abkommandierte Schulklasse. In einem eigens dafür ausgeschachteten Graben liegen meterhoch übereinandergestapelte Leichen – das wird indirekt durch die Reaktion der Schüler deutlich und nicht direkt benannt. Es ist ein Motiv, das sich untergründig durch den gesamten Text zieht. Der Icherzähler geht wenig später auf den Schwellen der Straßenbahngleise durch Berlin: »Jedes Mal, wenn ich die aufgeweichten Grasbüschel unter meinen Füßen spüre, bekomme ich ein unangenehmes Gefühl im Magen. Ich muss dann ein paar Worte laut reden, davon geht es weg.«[97]

Hier bekommt das Entsetzen unerwartete Bilder. Die »aufgeweichten Grasbüschel« gemahnen an etwas Körperliches. Gnielka traf mit solchen im Unbewussten stöbernden Sätzen den wunden Punkt der deutschen Verdrängungsprozesse. Ein Teil des Textes von Gnielka wurde 1952 in einer Zeitschrift gedruckt, die nur ein halbes Jahr lang existierte und die publizistische Stimme der Gruppe 47 sein sollte: *Die Literatur*. Als das Blatt wieder eingestellt wurde, erklärte Hans Werner Richter dies dem *Spiegel* mit den Worten: »Es fehlen heute in Deutschland 50 000 literarisch interessierte Juden, die es vorher gab.«[98]

Gnielka hat seine Auschwitz-Erfahrung nie vergessen, und er versuchte danach immer wieder, sie zu verarbeiten. Sein kurzes Leben stand ganz in diesem Zeichen. Was hat sich davon bei seiner Lesung in Niendorf vermittelt? Hat Paul Celan zugehört? Man weiß darüber nichts. Zu konstatieren ist, dass Gnielka eine Prosa schrieb, die auf den ersten Blick dem vom inneren Zirkel der Gruppe 47 um Hans Werner Richter favorisierten realistischen, harten Reportagestil entsprach. Und das war eine Ästhetik, die Celan entschieden ablehnte. Eine direkte Nähe zum Journalismus war in Gnielkas Text allerdings noch nicht eindeutig erkennbar, es ging ihm durchaus um eine literarisch angemessene Form für seine Erfahrungen.

Gnielka war in der Zeit der Niendorfer Tagung vierundzwanzig Jahre alt und finanzierte seinen Aufenthalt dadurch, dass er in seiner Heimatzeitung einen Artikel darüber schrieb. Seine eigene Lesung verschwieg er dabei natürlich, das Thema »Auschwitz« taucht in seinem Text auch sonst an keiner Stelle auf. Celans *Todesfuge* wird ebenfalls nicht erwähnt. Das wirkt im Nachhinein irritierend. Aber Gnielkas vergleichsweise kurzer Zeitungsbeitrag hatte eine Stoßrichtung, die ihm als jungen Autor aus diesem aktuellen Anlass literaturpolitisch wohl am wichtigsten war. Der im Westberliner *Tagesspiegel* erschienene Text war überschrieben mit dem sarkastisch gemeinten Titel *Deutsche Literaturmesse 1952*.

Das Generationsproblem ist in dem Artikel das zentrale Thema, und Gnielka machte dabei in erster Linie ein Gerangel um Marktanteile aus. Der alte Kern derer, die schon bei der ersten Tagung 1947 dabei gewesen waren, wurde von ihm als etabliert und privilegiert empfunden, und er kritisierte »die vielen Wagen, die vor der Tür vom Erfolg ihrer Besitzer zeugten«. Gnielka registrierte die Gefahr, dass Autoren in die Funktionen »einer reinen Verkaufsgesellschaft abgleiten«: »Der literarische Basar, der halbjährlich irgendwo in Westdeutschland abgehalten wird, bringt seine Früchte.« Seine Kritik hatte etwas mit seiner Perspektive als junger, unbekannter Autor zu tun.

Dazu gehörte auch, dass er die »real-banalistische« Zeitliteratur der Gründungsmitglieder der Gruppe 47 angriff.[99] Dabei muss seine eigene Lesung bei der Gruppe nicht schlecht weggekommen sein. Heinz Friedrich zumindest schrieb etwas gönnerhaft, Gnielka sei »zweifellos ein erzählerisches Talent; in seinem Roman verbindet sich sprachliche Ausdruckskraft mit sympathischer menschlicher Aussage«.[100] In seinem Artikel bezieht sich Gnielka aber sicher in einen Gegensatz mit ein, den er so beschreibt: »Dass die mit den Autoren schon seit Jahren befreundeten Kritiker in den kritischen Gesprächen über die gelesenen Arbeiten Zurückhaltung übten, wurde als selbstverständlich hingenommen. Andere, teilweise wirklich junge Autoren (der eigentliche ›Stamm‹ hat ein Durchschnittsalter von vierzig Jahren), die zum erstenmal lasen, erhielten eine Abfuhr, die, gemessen an den Arbeiten der ›Gruppenautoren‹, zumindest ungerecht erscheint.«

Die Kungeleien der Altvorderen stießen Gnielka also am meisten ab, und man kann nur mutmaßen, ob er dabei insgeheim auch über die Kritik an seinem eigenen Text schrieb. Aber es ging ihm grundsätzlich sicher um mehr. Deutlich wird das auch in einem Abschnitt, in dem Paul Celan und Ingeborg Bachmann vorkommen: »Sehr aufschlussreich für den Beobachter, der sich ein Bild über die Position der Gruppe machen wollte, war, dass fast sämtliche Kritiker den Lyriklesungen der Gäste Karl Krolow, des in Paris lebenden Rumänen Paul Celan, der Österreicherin Ingeborg Bachmann zum Beispiel mehr oder weniger verständnislos gegenüberstanden.«

In Gnielkas Darstellung für die Zeitung verband sich die Kritik am beschränkten Literaturverständnis der Garde um Hans Werner Richter, die er mit jemandem wie Celan unbedingt teilte, mit einer Kritik an den kommerziellen Mechanismen des Literaturbetriebs. Es wäre eine durchaus interessante Versuchsanordnung, sich ein Gespräch zwischen Thomas Gnielka und Paul Celan auf dieser Tagung vorzustellen. Aus heutiger Sicht hätten sie sich viel zu sagen gehabt, es hätte sie inhaltlich einiges verbunden. Aber sie haben sich mit großer Wahrscheinlichkeit nicht darüber ausgetauscht. Gnielka war fast zehn Jahre jünger als Celan, vor allem aber entsprachen seine Sprache und seine literarischen Interessen nicht denjenigen des Lyrikers – und darauf lag offenkundig in allererster Linie Celans Augenmerk.

Einen gewissen Aufschluss über das, was Celan bei dieser Tagung interessierte, geben seine im direkten Anschluss geschriebenen Briefe. An seine Frau schrieb er: »Erster Waffengang. Lesungen, dann Stellungnahme der ›Kritik‹. Worte, mit oder ohne inneren Horizont. Aber zumindest gut gesagt, an diesem ersten Tag. Vor den Fenstern, in zwanzig Meter Entfernung, das Meer, das Meer, ein immer neues Schenken ... Um neun Uhr abends war die Reihe an mir. Ich habe laut gelesen, ich hatte den Eindruck, über diese Köpfe hinaus – die selten wohlmeinend waren – einen Raum zu erreichen, in dem die ›Stimmen der Stille‹ noch vernommen wurden ... Die Wirkung war eindeutig. Hans Werner Richter, der Chef der Gruppe, Initiator eines Realismus, der nicht einmal erste Wahl ist, lehnte sich auf. Diese Stimme, im vorliegenden Falle die meine, die nicht wie die der andern durch die Wörter hindurchglitt, sondern oft in einer Meditation bei ihnen verweilte, an der ich gar nicht anders konnte, als voll und von ganzem Herzen daran teilzunehmen – diese Stimme musste angefochten werden, damit die Ohren der Zeitungsleser keine Erinnerung an sie behielten ... Jene also, die die Poesie nicht mögen – sie waren in der Mehrzahl – lehnten sich auf. Am Ende der Sitzung, als man zur Wahl schritt, haben sich sechs Personen an meinen Namen erinnert.«[101]

»Zeitungsleser« ist hier der Begriff, um die andere Seite, die Verständnislosen, zu kennzeichnen – für Celan hat er von vornherein eine pejorative Note. Außerdem ist interessant, mit welchem Wort er die Regungen der Ablehnung unter den Zuhörern beschreibt: Richter »lehnte sich auf«, jene, die die Poesie nicht mögen, »lehnten sich auf«. Celan benutzt dieses in diesem Zusammenhang ziemlich ungewöhnliche Verb gleich zweimal. Das weist darauf hin, wie er die bei der Gruppe 47 übliche, sich direkt an die Lesung anschließende Diskussion über den soeben gelesenen Text wahrnahm. So etwas kannte er nicht. Darauf war er offenkundig überhaupt nicht vorbereitet. Lesungen hatten für ihn von Anfang an einen völlig anderen Charakter, das hatte ihn geprägt. Die Czernowitzer Lebensform zeigte sich ganz selbstverständlich darin, Gedichte als eine Art Gesang vorzutragen und sie im Raum nachhallen zu lassen. Es ging ihm um eine Darbietung, um eine Feier der Kunst. Kritische Worte, relativierende oder einordnende, passten da nicht hinein. Es ist sehr aufschlussreich, was Günter Grass einmal erzählte. Er habe Celan besucht, auf dem Tisch lag ein Gedichtband, und er habe das Buch in die Hand genommen und in ihm geblättert. Darauf habe Celan ihm das Buch weggenommen und gesagt: »So liest man nicht meine Gedichte!«[102] Es lagen Welten zwischen Celans Umgang mit Literatur und der Praxis der Gruppe 47.

In Celans Brief an seine Frau setzt er sich als Person mit der »Poesie« gleich. Und es ist programmatisch, wie er sich in dieser Situation wieder auf Rilke bezieht. Er zitiert dessen Übersetzung von Paul Valérys *Friedhof am Meer:* »Das Meer, das Meer, ein immer neues Schenken«. »Die Zeitungsleser« frönen dagegen dem Realismusbegriff Hans Werner Richters, sie widmen sich handwerklichen und tagesbezogenen Debatten. Celan empfand sie als feindlichen Gegensatz, als Bedrohung. Hier wird der Gegensatz zwischen seinem Literaturverständnis, das sein Leben und jetzt auch sein Überleben definierte, und den Mechanismen in der literarischen Öffentlichkeit der frühen Bundesrepublik äußerst beredt. Von einer politischen Ablehnung durch die Gruppe 47, von einem dort herrschenden Antisemitismus, wie er unter den üblichen Kulturfunktionären dieser Zeit immer noch verbreitet war, spricht Celan an keiner Stelle. Es geht ihm um den Literaturbegriff, den Hans Werner Richter und sein engerer Kreis pflegten – das war für ihn das Ausschlaggebende.

Es spricht einiges dafür, dass Celan sogar die, wie er empört sagte, »barbarische Taktlosigkeit«[103] Richters, er habe seine Gedichte »wie Goebbels«[104] vorgetragen, letztlich mit dem mangelnden literarischen Verständnis des Gruppenchefs erklärte. Richter sagte diesen furchtbaren Satz nicht in der quasi »öffentlichen« Diskussion der Gruppe 47 direkt nach der Lesung, sondern im informellen Kreis mit seinen engeren Freunden beim Essen, und er meinte damit offenkundig, dass er gegen alles aufgesetzte Pathos sei, gegen jegliches rhetorische Brimborium und einen Überwältigungsgestus, der für ihn von Stefan George bis zu den Nationalsozialisten reichte. Es ist erschreckend, dass ihm in diesem Moment nicht bewusst war, dass er diesen Vorwurf an einen Juden richtete, der den Schergen von Goebbels soeben noch entrinnen konnte. Richter fehlte jegliche Sensibilität einem Dichter wie Celan gegenüber, der erkennbar einen völlig anderen Hintergrund hatte und von dessen ästhetischen Vorstellungen er nichts wusste.

Celan nahm aber durchaus auch die politische Haltung Richters wahr. Er erhielt immer wieder Einladungen zu Treffen der Gruppe 47, die nächste gleich für das folgende Frühjahr in Rom, und es wirkt nicht wie eine bloße Höflichkeitsfloskel, dass er diese aus Termingründen zwar ablehnte, aber gleich den Wunsch äußerte, stattdessen im Herbst zu kommen. Auch im September 1962 bedauerte er es, die Einladung wegen seiner Arbeit an der École Normale Superieure nicht annehmen zu können, und merkte an: »Es ist kein Pleonasmus, wenn ich hier noch einmal wiederhole, dass ich wirklich gerne nach Berlin gekommen wäre.«[105] Klaus Voswinckel, der eine der ersten Dissertationen über Celan schrieb und den Dichter in den sechziger Jahren mehrfach in Paris besuchte, erinnert sich: »Er redete von Hans Werner Richter wie von jemandem, der das ganze Gegenteil von einem Feind war.«[106]

Im Nachlass Hans Werner Richters findet sich eine Widmung, die Celan zehn Jahre später, am 1. Juni 1962, in ein Exemplar seiner Übersetzungen von Gedichten Alexander Blocks schrieb: »Für Hans Werner Richter, in Erinnerung an Niendorf, Mai 52, und Frankfurt, Mai 62, herzlich, Paul Celan«.[107] Eine tiefere Erklärung dafür kann man dem Brief entnehmen, in dem Celan am 2. August 1962 über das Gespräch mit Richter an den Lektor seines damaligen Verlages S. Fischer, Klaus Wagenbach, schrieb: »Hans Werner Richter habe ich, weil er sich zum Sozialismus bekennt, die Hand angeboten.«[108]

Bei der Abstimmung über den »Preis der Gruppe 47«, an der alle Vorlesenden teilnahmen und bei der mehr als zwanzig Autoren infrage kamen, landete Celan immerhin auf dem dritten Platz. Das zeigt, dass die Gründungsrecken der Gruppe um Hans Werner Richter mit ihrem Literaturverständnis schon einigermaßen ins Hintertreffen geraten waren. Das wichtigste Ergebnis der Tagung war für Celan zweifellos, dass der Cheflektor der Deutschen Verlags-Anstalt, Willi A. Koch, ihm noch auf der Tagung eine konkreten Buchvertrag anbot, der offizielle Debütband *Mohn und Gedächtnis* erschien ein halbes Jahr danach. Und er erhielt von diesem Zeitpunkt an auch Aufträge von Zeitschriften und Rundfunkanstalten, die er vorher jahrelang vergeblich ersehnt hatte. Zudem eröffnete Alfred Andersch, der Mitbegründer der Gruppe 47, 1955 das erste Heft seiner zukunftsweisenden Zeitschrift *Texte und Zeichen* mit Arno Schmidt und Paul Celan.

Dennoch hatte sich auf dieser Tagung bereits gezeigt, wie schwierig es war, Celan in die aktuellen Literaturdebatten der Bundesrepublik einzuordnen. Seine Ästhetik wurde von den gesellschaftspolitisch Engagierten unter den Kollegen misstrauisch beäugt, seine politischen Auffassungen wiederum, die viel mit seiner Herkunft und seiner Erfahrung als überlebender Jude zu tun hatten, wurden von den kulturkonservativen Wortführern der jungen Bundesrepublik übergangen und verschwiegen – nur wenige brandmarkten ihn direkt dafür. Hofmannsthal, Rilke, Moissi auf der einen Seite, linke Anarchisten wie Kropotkin und Landauer, auf die er sich gern berief [109], auf der anderen Seite – bei Celan kam vieles zusammen, was für andere undenkbar war. Und die meisten gesellschaftskritischen Schriftsteller der Bundesrepublik hielten seiner Ansicht nach einfach den Ball zu flach: »Na ja, diese Fußballspieler ...« [110] – das war seine Antwort, als Hermann Lenz ihn auf die Gruppe 47 ansprach.

Kapitel 4

Knüppelpfade und Holzwege

Die Faszination durch den
Dichtungsbegriff Martin Heideggers

Im Herbst 1954 reiste Celan mit seiner Frau zu einem sechswöchigen Stipendium nach La Ciotat an der Mittelmeerküste. Die für Schriftsteller und Künstler gedachte Stiftung »La Rustique Olivette« war eine Gründung des libertären Linken Daniel Guérin, der aus einer großbürgerlichen Pariser Familie stammte, sich als Mäzen betätigte und gleichzeitig als politischer Aktivist hervortrat – er war in den dreißiger Jahren Mitglied der »Revolutionären Linken«, einer Strömung der Vorgängerorganisation der Sozialistischen Partei Frankreichs, und blieb bis zu seinem Tod 1988 ein unabhängiger Linksanarchist. Für diese Haltung hatte Celan Sympathien. Sein Aufenthalt in La Ciotat war allerdings stark davon geprägt, dass er sich intensiv mit dem Philosophen Martin Heidegger beschäftigte. Dessen Vortrag *Was heißt Denken?* war kurz zuvor erschienen. In seinem Arbeitsheft hielt Celan Leseeindrücke davon fest, und außerdem entwarf er einen Brief mit dem Versuch einer Anrede, die wie eine Anrufung anmutet: »Herrn Martin Heidegger / dem Denk-Herrn // auf dem Weg über die Engelsbucht«. Auf dem Blatt sind noch weitere Annäherungen festgehalten: »An Martin Heidegger / die-

ser schüchterne Gruß aus einer wunschdurchklungenen, /
wunschbeseelten Nachbarschaft« sowie: »vom Meer her /
dieses Zeichen der Verehrung / aus einer kleinen fernen /
wunschdurchklungenen / Nachbarschaft«.[111]

Das Wort vom »Denk-Herrn« lässt aufhorchen. Die
Nationalsozialisten hatten den Begriff des deutschen
»Herrn« unmittelbar mit einem »Herrenmenschentum«
verbunden, und es war allgemein bekannt, dass Martin
Heidegger seine aufs Große und Ganze zielende Philoso-
phie zunächst, im Jahr 1933, unmissverständlich in den
Dienst der Nationalsozialisten gestellt hatte. In den ersten
Jahren nach 1945 durfte er seine Tätigkeit an der Universität nicht mehr ausüben, und zwar auf der Grundlage eines
Gutachten von Karl Jaspers, in dem dieser Heideggers
Denken als »unfrei, diktatorisch, communikationslos«[112]
bezeichnet hatte. Celan wusste dies alles natürlich, und
es trat auch nicht völlig in den Hintergrund. Heideggers
philosophischer Ansatz hatte für ihn aber ganz eindeutig
eine Faszination, die weit über zeitgeschichtliche Aspekte
hinausging. Wenn Celan eine »Nachbarschaft« ansprach,
meinte er die Nähe zwischen Dichten und Denken, die
Heidegger seit seinem Rückzug vom Freiburger Rektorat
und damit auch von der konkreten Politik der Nationalsozialisten immer stärker betonte.

Es gibt in Celans nachgelassener Bibliothek sehr viele
Lesespuren in Heidegger-Büchern.[113] Den zentralen Satz in
Heideggers Vortrag *Wozu Dichter?* (zum Andenken an Rilkes zwanzigsten Todestag) hat Celan unterstrichen sowie
durch zwei Striche am Rand und eine zusätzliche Rand-
klammer markiert, angerufen werden dabei auch die Tem-

pelheiligtümer der antiken Griechen: »Die Sprache ist der Bezirk (templum), d. h. das Haus des Seins.« Dichter und Denker, so heißt es kurz danach, »wagen den Bezirk des Seins. Sie wagen die Sprache.«[114]

Celan fühlte sich von Heidegger als Dichter, und zwar in seinem besonderen Selbstverständnis dessen, was die Dichtung ausmacht, angesprochen.

Doch auch Heideggers Fundamentalontologie an sich, mit der er berühmt wurde, seine radikalisierte Lehre vom »Sein«, hat in Celan offenkundig etwas getroffen. Heidegger erfasste 1927 mit seinem Hauptwerk *Sein und Zeit* ein Epochengefühl, das seit der Jahrhundertwende und vor allem nach dem Ersten Weltkrieg auf eine zeitgemäße Ausformulierung förmlich gedrängt hatte. Die alten Wertvorstellungen, die an ein sich seiner selbst gewisses Ich und an allgemein verbindliche Normen geknüpft waren, hatten sich während des Ersten Weltkriegs aufgelöst. Zurück blieb etwas zutiefst Verunsichertes, Chaotisches. Heideggers damals als bahnbrechend empfundenes neues Denken charakterisierte sich dadurch, dass es das seit Descartes und Kant vertraute Subjekt-Objekt-Schema der Philosophie außer Kraft setzte. Damit ließ Heidegger auch die tradierte Erkenntnistheorie hinter sich. Er postulierte, dass die Existenz des Menschen nicht mehr in seiner eigenen Verfügungsgewalt stehe, es gebe eine grundlegende Differenz zwischen dem menschlichen Dasein und dem »Sein«. Diesen Begriff des »Seins« stellt Heidegger in den Mittelpunkt, es sei unfassbar und verborgen: »*Sein ist das transcendens schlechthin.*«[115]

Die Aufgabe, die sich nun stellt, ist konsequenterweise

nichts weniger als die Ent-Bergung, die Ent-Deckung dieses Seins. Diese neuen heideggerschen Begrifflichkeiten, die in der deutschen Sprache nach in Vergessenheit geratenen Wurzeln zu suchen scheinen, entwickeln einen starken Sog. Der Einzelne wird dabei nicht durch seine Subjektivität definiert, sondern dadurch, dass er Anteil am bloßen »Dasein« hat. Heideggers Denkbewegungen zielen zunächst darauf ab, mit einer Analyse dieses »Daseins« den Zugang zum Sein zu finden. Um das Krisengefühl, die Desorientierung des Menschen, zu beschreiben, findet Heidegger das suggestive Bild der »Geworfenheit«. Überhaupt sind seine Beschreibungen der Situation des Einzelnen im 20. Jahrhundert in der Lage, einen beträchtlichen identifikatorischen Reiz zu entwickeln.

Dass *Sein und Zeit* Fragment bleibt, weil die Daseinsanalyse, wie sie dem Philosophen vorschwebt, scheitert, steht auf einem anderen Blatt. Er stellt fest, dass er sich im »Seienden« verheddert hat und von seiner eigentlichen Fragestellung abgerückt ist. Heidegger unternimmt im Folgenden eine »Kehre«, um auf eine neue Weise nach dem Sein zu fragen. Der Prozesscharakter seiner Philosophie, das Beschreiten des Weges, das Unterwegssein, aber auch das ungewisse große Ziel: Das macht im Wesentlichen die Anziehungskraft aus, den sie für seine Zeitgenossen und Weggefährten gehabt hat.

Auch Paul Celan konnte, gerade auch durch seine biografischen Erfahrungen im und nach dem Zivilisationsbruch durch die Nationalsozialisten, hier einen Anknüpfungspunkt sehen. Alles, was ihn bis dahin getragen hatte, gab es nicht mehr. Deshalb ist es fragwürdig, bereits in seinen frühen Gedichten einen Einfluss Heideggers zu sehen, wie es Wissenschaftler aus dessen philosophischer Schule taten. Mit großer Wahrscheinlichkeit hat Celan Heidegger erst in Wien, nach dem Zweiten Weltkrieg und der Shoah, näher kennengelernt, und zwar in einem Zusammenhang, der in seiner Bedeutung nicht unterschätzt werden sollte. Im Mai 1948 lernte er dort die einundzwanzigjährige, also um sieben Jahre jüngere Ingeborg Bachmann kennen, und die damals noch nicht öffentlich als Lyrikerin hervorgetretene Philosophiestudentin arbeitete sich gerade sehr an existenziellen Fragestellungen ab. Der Professor, bei dem sie ihre Studien begann, war Alois Dempf: ein katholischer Metaphysiker, der stark in den etablierten konservativen Traditionen verhaftet war und zeitgeschichtliche oder gar moderne Strömungen nicht reflektierte. In einem Brief an ihre Eltern freute sie sich, »der reinen Philosophie zu dienen«, und das Thema ihrer Dissertation sollte zunächst der Typus des »Heiligen« sein.[116]

Allerdings veränderten sich die Voraussetzungen ihres Studiums dann plötzlich ohne ihr Zutun, denn Dempf verließ Wien und folgte einem Ruf nach München. Notgedrungen wechselte sie zu dem Neopositivisten Viktor Kraft, der gänzlich andere Prämissen hatte. Er war der Auslöser dafür, dass sich Ingeborg Bachmann mit Ludwig Wittgenstein zu beschäftigen begann. Ihre Dissertation, die sie im Dezember 1949 abschloss, hatte mittlerweile ein neues Thema, das aber das alte Interesse noch deutlich zu erkennen gab, nämlich »die kritische Aufnahme der Existentialphilosophie Martin Heideggers«. Sie bemühte sich, unter dem Einfluss des neuen Doktorvaters, zwar um Distanz, aber das Wichtigste dabei blieb etwas, was ihr Doktorvater so nicht intendiert haben konnte, was aber die Gespräche mit ihrem Geliebten Paul Celan im Frühsommer 1948 durch und durch geprägt hatte: das Primat der Literatur.

Für die akademische Philosophie war dies äußerst ungewöhnlich. Und Ingeborg Bachmann versuchte auch gewissenhaft, den Vorgaben des Faches Genüge zu tun: Sie handelte ab, was an kritischen Argumenten gegen das metaphysische Denken damals zur Verfügung stand, schulmäßig und sorgsam, aber in der Schlusspassage wechselt dann plötzlich die Tonlage. Es geht jetzt, in einer Art Apotheose, um die gänzlich anderen Erfahrungsmöglichkeiten, die die Kunst und die Literatur vermitteln können. Die überraschende Volte beginnt mit einer Kritik an Heideggers Philosophieren: Es gerinne ihm »zu Vergegenständlichungen und Gedankengebilden, die, obwohl er es nicht wahrhaben will, mit dem Verstand verstanden werden müssen, um aus seinem Werk heraus, in dem er es zu vollziehen glaubt, zum Leser zu finden. Zum Vollzug aber kommt man beim Sprechen über Existenz nicht, sondern es bleibt beim Sprechen darüber, beim ›Gerede‹ über feinfühlig bemerkte ästhetische Tatbestände, wie zum Beispiel über das ›Gerede‹ selbst.«[117]

Dabei beschreibt sie genau das als Defizit Heideggers, was der Philosoph selbst in dieser Zeit zum Movens einer neuen »Kehre« machte. Er wandte sich verstärkt den Gebieten der Kunst und der Literatur zu, die unverstellt, abseits der Begrifflichkeiten, an die Dimensionen des Seins rühren könnten. Genau dieses Moment setzt Bachmann unvermutet an das Ende ihrer Dissertation. Sie zitiert dazu eine der typischen heideggerschen Formeln, die die Daseinsform des Einzelnen in der Krise seiner Gegenwart beschreiben, ausgesetzt sei er nämlich dem »nichtenden Nichts« – und in diesem Moment kann man auch erkennen, was ihre Gemeinsamkeit mit Paul Celan ausmachte, die zu einer der spannungsvollsten Liebesgeschichten zwischen Leben und Literatur werden sollte. Es geht um die existenzielle Dimension der Dichtung. Die Schlusssätze von Bachmanns Dissertation wenden sich dezidiert – und man kann in diesem Fall auch von einem Lebensprogramm sprechen – von der Wissenschaft ab und der Dichtung zu: »Dem Bedürfnis nach Ausdruck dieses anderen Wirklichkeitsbereiches, der sich der Fixierung durch eine systematisierende Existentialphilosophie entzieht, kommt jedoch die Kunst mit ihren vielfältigen Möglichkeiten in ungleich höherem Maß entgegen. Wer dem ›nichtenden Nichts‹ begegnen will, wird erschütternd aus Goyas Bild ›Kronos verschlingt seine Kinder‹ die Gewalt des Grauens und der mythischen Vernichtung erfahren und als sprachliches Zeugnis äußerster Darstellungsmöglichkeit des ›Unsagbaren‹ Baudelaires Sonett ›Le gouffre‹ empfinden können, in dem sich die Auseinandersetzung des modernen Menschen mit der ›Angst‹ und dem ›Nichts‹ verrät.«

Und es folgt tatsächlich, als letzter Akkord, das französische Original von Baudelaires Gedicht *Le gouffre, Der Abgrund,* mit der verzweifelten, um die Vergeblichkeit wissenden letzten Zeile »Ach, immer bei den Zahlen, Dingen bleiben! –« Bachmann fügt als Erklärung hinzu: »›Nombres‹, ›Etres‹ sind Dinge, die kein Bewusstsein haben, sondern nur zahlenmäßig existieren.«[118] Sie hatte sich also

ihrer Aufgabe entledigt, nämlich Heidegger »kritisch«
zu sehen, um aber zum Schluss umso emphatischer seine
Wendung zur Dichtung hin mit zu vollziehen.

Als Celan in La Ciotat Heidegger las, stieß er auf genau
dieselbe Problematik, die Bachmann in ihrer Dissertation
als das Zentrum benannte: Der existenzielle »Abgrund«
ist nur in der Form dessen zu begreifen, was Heidegger in
seiner inbrünstigen, wesentlichere Tonlagen anstimmen-
den Weise nicht einfach »Literatur«, sondern im Anschluss an Hölderlin exemplarisch »Dichtung« nannte.
Der Schwarzwälder Philosoph hatte nach *Sein und Zeit*
neu ausgeholt und dafür die einzelnen Entwicklungsphasen seines Fachs neu aufgerollt, von den Vorsokratikern bis
zu Nietzsche und der Problematik seiner unmittelbaren
Gegenwart. Er verband jetzt die Frage nach dem Sein mit
der Frage nach der Wahrheit, die er als »Unverborgenheit
des Seins« definierte. Sie ist für ihn nicht gleichbedeutend
mit dem Gegenteil von Lüge, es geht ihm nicht um die
Unterscheidung zwischen richtig und falsch. So gelangte
er nach etlichen Seitenpfaden und das Metaphysische
ausmessenden Wald-, Wiesen- und Holzwegen der Philo-
sophiegeschichte zur neuen Perspektive der Kunst. Diese
könne etwas zum Ausdruck bringen, was der Philosophie
nicht mehr möglich sei. Die Philosophie könne die Wahrheit nicht geschehen lassen. In der sehr spezifischen Dik-
tion Heideggers klingt das so: »So wäre denn das Wesen
der Kunst dieses: das Sich-ins-Werk-Setzen der Wahrheit
des Seienden.«[119]

Noch in einem 1965 geschriebenen Gedicht Celans, in
der Zeit schlimmster Krisen, findet sich ein Widerhall

dieser Fragen Heideggers. Er scheint sich mit diesem Gedicht dessen zu vergewissern, was den Dichter ausmacht, er schreibt dieses Gedicht wie als Beweis:

> *EIN DRÖHNEN: es ist*
> *die Wahrheit selbst*
> *unter die Menschen*
> *getreten,*
> *mitten ins*
> *Metapherngestöber.*[120]

Das Wort »Metapherngestöber« verweist darauf, was auch Ingeborg Bachmann als das »Gerede« bei Heidegger zitiert hatte, das uneigentliche Sprechen. Im Jahr 1959 hatte Celan bereits seine Übersetzung von Ossip Mandelstamms Gedicht *Der Hufeisenfinder* veröffentlicht, darunter auch die Zeilen: »Die Luft erzittert vor Vergleichen. / Kein Wort ist besser als das andre, / die Erde dröhnt von Metaphern (...)«[121] Am Tag, als Celan das Gedicht *Ein Dröhnen* schrieb, dem 6. Mai 1965, hatte die Zeitung *Die Welt* darüber hinaus über den Abschluss der Beweisaufnahme im Frankfurter Auschwitz-Prozess berichtet und einen Zeugen mit den Worten zitiert: »Um die Wahrheit über Auschwitz geht es mir.«[122]

Dieser doppelte Verweischarakter ist charakteristisch für Celan. Er bezieht sich einerseits auf Heideggers Sprachphilosophie, aber zum anderen setzt er sie immer auch in Bezug auf seine eigene Geschichte, auf zeitgeschichtliche Erfahrungen, auf den »Akut« des Heutigen, auf den Massenmord an den Juden. Er fühlt sich durch Heidegger angesprochen, aber er setzt ihm auch etwas Konkretes entgegen: das, was in Heideggers jenseits des Gesellschaftspolitischen angesiedelten Geschichtsbild ausgeklammert bleibt. Dennoch ist es der ganz besondere, auf die »Unverborgenheit des Seins« zielende Wahrheitsbegriff bei Heidegger, der auch in diesem Gedicht aufgerufen und gemeint wird.

Das »Metapherngestöber« in *Ein Dröhnen* steht jedoch nicht nur dem üblichen »Gerede« entgegen. Es ist auch ein Resultat der Reflexion dessen, was in der Kunst selbst geschieht. »Metapherngestöber«, das ist eine in der Kunst weitverbreitete Praxis. Nicht immer ist die Kunst in der Lage, wirklich ans Wesen der Wahrheit zu rühren, und verliert sich in Selbstbezüglichkeiten, im Alltagsparlando oder, wie Heidegger sagen würde, im Gewese des Seienden. Deshalb spitzt der Philosoph seine Feldforschungen im Bereich der Kunst noch zu und findet folgende Definition: »Die Kunst ist als das Ins-Werk-Setzen der Wahrheit Dichtung.«[123]

Die »Dichtung« ist das Zentrum von Heideggers Suchbewegungen. Sie bezeichnet das, was sich nicht mehr funktionalisieren und nicht mehr vereinnahmen lässt. Gerade deshalb weist sie auch über die Philosophie hinaus. Die Art und Weise, wie Heidegger gerade in seinen Schriften um 1950 Dichten und Denken miteinander konfrontiert und die »Dichtung« als das Eigentliche schlechthin aufsucht – das musste Celan elektrisieren, als er es in La Ciotat las. Und es ist sehr beredt, dass er Heideggers Wort von der »Dichtung« im Folgenden programmatisch aufnahm. In seiner Büchnerpreisrede *Der Meridian* im Jahr 1960 kreist alles um das Verhältnis zwischen »Dichtung«, dem vorher nicht genau zu bestimmenden Moment, den es zu erreichen gilt, und der »Kunst«. Er nimmt also Heideggers Vorstellungen auf: Die Dichtung hat zwar den Weg der Kunst zu gehen, aber es gibt einen Punkt, an dem sich die Dichtung freisetzen und alle Künstlichkeiten der Kunst hinter sich lassen kann. »Dichtung: das kann eine Atemwende bedeuten«: Das ist einer der eindringlichen, poetischen, aphoristisch zugespitzten Sätze in Celans Büchnerpreisrede.[124]

Heideggers Vorstellungen von der »Dichtung« entsprachen dem, was Celan von Anfang an mit Gedichten verband und was für ihn durch die historische Erfahrung der Shoah eine ungeahnte existenzielle Dimension gewann. Und das unterschied ihn auch von dem, was in den fünfziger und sechziger Jahren der deutschsprachige Literaturbetrieb um ihn herum debattierte. Celans Gedichte waren keine Gebrauchstexte, es waren auch keine handwerklich perfekt gearbeiteten Kunstprodukte, es waren keine artistischen Gebilde. Sie waren mit seinem eigenen Leben untrennbar verbunden, sie versuchten, sein individuelles Schicksal zur Sprache zu bringen, »unter dem Neigungswinkel seines Daseins«, wie er es in der Büchnerpreisrede sagte. Und er meinte nichts anderes als diese biografische Konstellation, als er am selben Ort die Forderung formulierte: »(...) geh mit der Kunst in deine allereigenste Enge. Und setze dich frei.«[125]

Diese »allereigenste Enge«, diese *Engführung* (das Gedicht mit diesem Titel entstand im selben Zeitraum), ist es, was dem eigenen individuellen Schicksal entspricht. Celan findet dafür, aus Anlass der Büchnerpreisrede, ein

Datum aus Büchners *Lenz,* den berühmten »20. Jänner« des Anfangs. Es ist der Tag, an dem Lenz »durchs Gebirg« geht, der Tag, an dem die Wahrheit über seinen inneren Zustand (nämlich am Rande des Wahnsinns zu sein) offenbar wird und sich sein Leben verdichtet. Celan sagt: »Vielleicht darf man sagen, dass jedem Gedicht sein ›20. Jänner‹ eingeschrieben bleibt?«[126]

Dass der 20. Jänner in seinem, Celans Sinn aber auch das Datum der Wannseekonferenz zur »Endlösung der Judenfrage« einschließt, geht weit über Heideggers Dichtungsbegriff hinaus und unterscheidet Celan vom deutschen Philosophen aus dem Schwarzwald grundsätzlich. Derlei parallel geschehende Bewegungen von Anziehung und Abstoßung sind bei Celans Beschäftigung mit Heidegger fast immer zu beobachten. Auch in seiner Bremer Rede von 1958 sind viele Bezüge zu dem Philosophen zu erkennen, Formulierungen, die die krisenhafte Existenz des Menschen in seiner Geworfenheit aufnehmen. Im letzten Satz der Rede spricht er vom Dichter auf folgende Weise: »Es sind die Bemühungen dessen, der, überflogen von Sternen, die Menschenwerk sind, der, zeltlos auch in diesem bisher ungeahnten Sinne, und damit auf das unheimlichste im Freien, mit seinem Dasein zur Sprache geht,« – bis hierher sind die Denkbewegungen nahezu deckungsgleich mit denjenigen Heideggers. Aber dann fügt er nach dem Komma etwas an, was Heidegger so nie sagen würde: »wirklichkeitswund und Wirklichkeit suchend.«[127]

Es liegt eine starke, wenn auch produktive Spannung darin, wie Celan mit seiner Lektüre Heideggers verfährt. Bei aller Faszination durch die das landläufige Ich umstürzende Herangehensweise an die menschliche Existenz in *Sein und Zeit* gibt es öfter auch ein Innehalten. Celan macht an manchen Stellen dicke Fragezeichen, und zwar ganz konkret in seinem Exemplar. Ein Beispiel ist symptomatisch. Heidegger stellt über weite Strecken zunächst klar, dass er das Verhältnis des Daseins zur Welt nicht mehr als Subjekt-Objekt-Beziehung auffasst, das Dasein jedes Einzelnen bezeichnet er als ein »In-der-Welt-sein«. Das Subjekt ist für ihn nicht mehr etwas, worauf eine Philosophie gegründet werden könnte, sein Befund ist der eines Immer-und-je-schon-Geworfenseins. Dann allerdings, auf Seite 384, taucht plötzlich etwas auf, das den Einzelnen, der als solcher nie angesprochen wurde, in einen neuen Zusammenhang stellt. Unvermittelt fällt das Wort »Volk«. Veröffentlicht worden ist das Buch, dies sei an dieser Stelle noch einmal betont, 1927 und nicht 1933:

»Wenn aber das schicksalhafte Dasein als In-der-Welt-sein wesenhaft im Mitsein mit Anderen existiert, ist sein Geschehen ein Mitgeschehen und bestimmt als *Geschick*. Damit bezeichnen wir das Geschehen der Gemeinschaft, des Volkes. Das Geschick setzt sich nicht aus einzelnen Schicksalen zusammen, sowenig als das Miteinandersein als ein Zusammenvorkommen mehrerer Subjekte begriffen werden kann. Im Miteinandersein in derselben Welt und in der Entschlossenheit für bestimmte Möglichkeiten sind die Schicksale im vorhinein schon geleitet. In der Mitteilung und im Kampf wird die Macht des Geschickes erst frei. Das schicksalhafte Geschick des Daseins und mit seiner ›Generation‹ macht das volle, eigentliche Geschehen des Daseins aus.«[128]

Dass Celan bei dieser Nennung des »Volkes« argwöhnisch wird, kann kaum verwundern. Es bezeichnet die Linie, die ihn von Heidegger trennt. Sein »Geschick« ist ein völlig anderes, und sein »Volk« ist eben auch ein anderes, ganz zu schweigen von seinem »Kampf«. Von hier aus wird auch das Prekäre deutlich, das für Celan in Heideggers Definition von der Sprache als dem »Haus des Seins« liegen muss. Denn das meint eine Sprache, die sich von Celans Sprache letztlich doch prinzipiell unterscheidet: Es meint ein Deutsch, das fest verankert ist in der Vorstellung eines dazugehörigen Volks, und es meint ein Haus, das verbunden ist mit einem unverwechselbaren Grund und Boden, mit einer Heimat. Heidegger hat seine alemannische Herkunftsregion, seine Universitätsstadt Freiburg, ja seine Denkhütte im Hochschwarzwald mit nur wenigen Ausnahmen (darunter seine erste akademische Tätigkeit in Marburg) verlassen, und es ist nicht schwer, zentrale Begriffe seiner Philosophie gerade vor dieser Landschaft zu konturieren. Der Brunnen, der Wald, die Bäume sowie der Bauernhof wenige Hundert Meter unterhalb seiner Hütte, von dem die Milch geholt wurde – das alles bildet ein wesentliches Fundament seines Denkens. Heideggers Antisemitismus, der durch seine erst spät veröffentlichten *Schwarzen Hefte* als gegeben angesehen werden muss, hängt damit zusammen. Das Jüdische ist bei Heidegger zwangsläufig mit Heimatlosigkeit verknüpft – und deshalb streicht sich Celan solche Stellen jedes Mal an und versieht sie mit Fragezeichen. Das »Haus des Seins«: Das ist auch für den Dichter die deutsche Muttersprache. Aber es ist viel fragiler, es ist nicht so selbstverständlich vorauszusetzen, es muss immer wieder neu gedacht und skizziert werden.

Und dennoch zieht Celan in regelmäßigen Abständen Kategorien Heideggers zurate. In seinem Todesjahr 1970 soll er zu Clemens Podewils gesagt haben: »Im Unterschied zu solchen, die sich an seiner Ausdrucksweise stoßen, sehe ich in Heidegger denjenigen, der der Sprache wieder ihre ›limpidité‹ zurückgewonnen hat«[129] – »limpidité«, das französische Wort für Klarheit und Reinheit, mochte Celan gern, und es steht für einen Urgrund der Sprache, der auch Heidegger immer umtrieb. Die »Fußballspieler«, die »Zeitungsleser« bei der Gruppe 47, das »Metapherngestöber« in den Feuilletons, die »Straßenecke« als literarisches Sujet: Celan fühlte sich intuitiv bei Heidegger besser aufgehoben, aber er wusste gleichzeitig, dass er bei Heidegger natürlich am wenigsten aufgehoben war. Musste das auf einen klassischen Showdown hinauslaufen?

Der Besuch Celans auf der Heidegger-Hütte am 25. Juli 1967 wird mittlerweile allgemein als ein solcher Showdown angesehen. Celan hatte ihn aber nicht von langer Hand geplant, er geriet durch äußere Umstände hinein, die er selbst nicht unbedingt mitbestimmt hatte. Der Freiburger Germanistikprofessor Gerhart Baumann wollte ihn zu einer Lesung an der Universität einladen und sprach den Termin insgeheim mit Heidegger ab. Die Reaktion des Philosophen auf Baumanns Vorhaben entsprach, ins Akademisch-Rituelle übersetzt, durchaus dem, wie Celan sich selbst sah: »Schon lange wünsche ich, Paul Celan kennen zu lernen. Er steht am weitesten vorne und hält sich am meisten zurück. Ich kenne alles von ihm, weiß auch von der schweren Kriese, aus der er sich selbst herausgeholt hat, soweit dies ein Mensch vermag. Sie deuten in dieser Hinsicht das Hilfreiche einer hiesigen Lesung richtig. Der 24 Juli wäre für mich der beste Termin ... Es wäre heilsam, P. C. auch den Schwarzwald zu zeigen.«[130]

Das »Heilsame« bestand für Heidegger also darin, Celan mit seiner, Heideggers Heimat vertraut zu machen. Es gewisse Pointe ergibt sich dabei daraus, dass die Mittelgebirgslandschaft des Schwarzwalds mit ihren Hochmooren und ihrer Vegetation durchaus Ähnlichkeiten mit Celans Herkunftslandschaft der Bukowina aufweist. Allerdings lehnte es Celan bei der ersten Begegnung in seinem Hotel ab, zusammen mit Heidegger fotografiert zu werden, und das gleichzeitige Angezogen- und Abgestoßensein setzte sich fort, als Heidegger ihn für den Tag nach seiner Lesung zu einem Besuch in seine Hütte in Todtnauberg einlud. Celan zögerte, sagte dann aber doch zu.

Es wäre verfehlt, die Begegnung auf der Heidegger-Hütte als ein Jahrhundertereignis zu stilisieren, als das typisierte Aufeinandertreffen eines durch den Nationalsozialismus kontaminierten reichsdeutschen Intellektuellen und einem der Ermordung entgangenen Juden. Die Beziehung zwischen Celan und Heidegger kann man nicht mit allgemeinen Zuordnungen erfassen. Sie stand im Zeichen einer ganz besonderen Gemeinsamkeit, die durch ein bei beiden prononciertes Verständnis von »Dichtung« geprägt war. Was sie trennte – nämlich wie mit dem kaum mehr als zwei Jahrzehnte zurückliegenden Zivilisationsbruch durch die Nationalsozialisten umzugehen sei –, kann deshalb ebenfalls nur vor dem Hintergrund der Gemeinsamkeit von Dichten und Denken erklärt werden.

Es gibt zu der Begegnung auf der Hütte widersprüchliche Äußerungen und Interpretationen. Vermutlich ist das Einzige, woran man sich halten kann, Celans Gedicht, das in den Tagen unmittelbar nach diesem Ereignis entstand.

Todtnauberg

Arnika, Augentrost, der
Trunk aus dem Brunnen mit dem
Sternwürfel drauf,

in der
Hütte,

die in das Buch
– wessen Namen nahms auf
vor dem meinen? –,
die in dies Buch
geschriebene Zeile von
einer Hoffnung, heute,
auf eines Denkenden
kommendes
Wort
im Herzen,

Waldwasen, uneingeebnet,
Orchis und Orchis, einzeln,

Krudes, später, im Fahren,
deutlich,

der uns fährt, der Mensch,
der's mit anhört,

die halb-
beschrittenen Knüppel-
pfade im Hochmoor,

Feuchtes,
viel.[131]

Der konkrete Hinweis, dass Celan etwas ins Gästebuch geschrieben hat, wiegt in diesem Gedicht schwer. Der Eintrag lautete wörtlich: »Ins Hüttenbuch, mit dem Blick auf den Brunnenstern, / mit einer Hoffnung auf ein kommendes Wort im Herzen / am 25. Juli 1967 Paul Celan«.[132]

Dieser Eintrag setzt sicher nicht auf eine Konfrontation. Er spricht eine Hoffnung aus, die eine gemeinsame Grundlage zur Voraussetzung hat. Der »Brunnenstern« scheint dies sogar noch zu verstärken. Der Brunnen neben Heideggers Hütte ist oft fotografiert worden, und die Form der Säule aus Holz, durch die das Wasser geleitet wird, fällt sehr auf: Sie endet in einen sternförmigen Würfel. Die Worte »Brunnen«, »Stern« und »Würfel«, die im Gedicht genannt werden, weisen alle auf Verbindungen zwischen Heidegger und Celan hin. So ist die Vorstellung des »Brunnens« für beide wichtig. Das Wort »Stern« taucht bei Celan in vielen Gedichten auf und hat eine positive Konnotation. Es steht dabei vor allem im Bezug zum

»Stein«, der vieldeutig eingesetzt wird und ein Ursprung und ein Endpunkt zugleich sein kann. Das in der Bretagne geschriebene Gedicht *Die hellen / Steine* feiert in einem herausgehobenen Moment die Sterne als Hoffnungsträger, und im »Brunnenstern« bei Heideggers Hütte schwingt das durchaus mit.[133]

Der »Würfel« schließlich gehört ebenfalls zum zentralen Wörter- und Vorstellungsarsenal bei Celan. Es wird oft gewürfelt in seinen Gedichten, und das steht in einer intimen Verbindung zu Heideggers »Geworfensein«. Der Würfel bezeichnet ein existenzielles Spiel, und im Gedicht *Todtnauberg* steht er für denselben Blick Celans und Heideggers auf das menschliche Dasein, auf das menschliche Geschick. Der »Trunk« aus dem Brunnen mit dem Sternwürfel ist auch in diesem Sinn ein gemeinsamer Akt.

Der Beginn des Gedichts ruft in diesem Zusammenhang auch die Ähnlichkeiten zwischen dem Schwarzwald und der Bukowina auf, das gemeinsame Interesse an Pflanzen und Pflanzennamen. »Arnika« und »Augentrost« sind ausgesprochene Heilpflanzen. Und auch, wenn Celan von Baumann nicht der Brief Heideggers gezeigt worden wäre – die Nennung dieser Pflanzennamen rekurriert auf dieselbe Vorstellung: »Es wäre heilsam, P. C. auch den Schwarzwald zu zeigen.«

Der Kipp-Punkt des Gedichts, nach der Erinnerung an Gemeinsamkeiten, ist der Eintrag ins Hüttenbuch. Die nachdenkliche Frage »wessen Namen nahms auf / vor dem meinen?« durchbricht die durch mehrere konkrete Worte angesprochene Nähe. Heideggers nationalsozialistische Phase ruft andere Assoziationen herauf, sie gehören einer anderen, fremden und feindlichen Sphäre an, und die Zeile »Waldwasen, uneingeebnet« setzt diesen neuen Akzent. Es ist, in der Moorlandschaft des Hochschwarzwalds, etwas Unkultiviertes, Feuchtes und gemahnt an etwas Unheilvolles. Unter der Erdoberfläche, unter der Wiese am Waldrand befindet sich etwas. Das Wort »uneingeebnet« lässt das Bild eines Gräberfeldes aufscheinen, einen Schindanger, in den zurückliegenden Jahrhunderten vergruben an solchen Stellen die Abdecker Tierkadaver, und die uneingeebneten Massengräber der jüngsten Geschichte gehören zu diesem Horizont.

»Wessen Namen nahms auf / vor dem meinen?« Es sind offenbar Namen, die solche Gräberfelder veranlasst haben könnten. Celan schrieb seinen Satz in Heideggers Hüttenbuch als Essenz seines Aufenthalts dort. Es kam dort demnach nicht zu einem »Wort«, das die Verbindungen Heideggers zu jenen Gräberfeldern gekappt hätte. Celan hielt aber die Hoffnung fest, dass dieses Wort noch kommen könnte. Das Gedicht *Todtnauberg* steht in der Spannung zwischen diesen Polen, es zeichnet diese Spannung auf. Die ursprüngliche Hoffnung, dass Heidegger etwas Befreiendes sagen könnte, geht über in eine ungewisse Zukunft. Das Gedicht hält die Erinnerung an die Hoffnung wach, aber gleichzeitig trübt sich die Hoffnung ein.

Arnika und Augentrost sind Linderungen des Anfangs. Dann aber sind die »Waldwasen« in Sicht gekommen, und es wird konstatiert: »Orchis und Orchis, einzeln«. Orchis ist der wissenschaftliche Name für die Knabenkräuter, eine Pflanzengattung der Orchideengewächse. Zwei Orchideen stehen isoliert nebeneinander. Heidegger und Celan haben in der Hütte miteinander gesprochen, aber als sie aus der Hütte heraustreten, sind sie voneinander getrennt.

In den frühesten Notizen zu diesem Gedicht, die Celan in seinem Arbeitsheft festhält, heißt es: »Seit ein Gespräch wir sind, an dem wir würgen, an dem ich würge, das mich aus mir hinausstieß, dreimal, viermal.«[134] Das ist die Grundstimmung, die das Gedicht bis zum Schluss festhält. Das »Gespräch« ist das wesentliche Moment, und Celan zitiert hier eine Passage aus Hölderlins Hymne *Friedensfeier,* die Heidegger wiederum in seinem Vortrag »Hölderlin und das Wesen der Dichtung« zitiert hatte: »Viel hat von Morgen an, / Seit ein Gespräch wir sind und hören voneinander, / Erfahren der Mensch (...)«[135] Celans »ich« aber hat in der unmittelbaren Nachwirkung an diesem Gespräch zu »würgen«, und es gab Situationen, »dreimal, viermal«, in denen dieses Gespräch »mich aus mir hinausstieß«, in denen es sich mit sich selbst entzweite, in denen dieser Versuch eines Gesprächs eine ungeheuere Entfernung zwischen den Beteiligten offenbarte.

Vor allem auf der Rückfahrt im Auto muss sie sehr deutlich gewesen sein, worauf das Wort »Krudes« hindeutet, mit dem im Gedicht Heideggers Sprechen bezeichnet wird. Über diese Rückfahrt im Auto hat Celan in einem Brief an seine Frau berichtet: »Dann kam es im Auto zu einem ernsten Gespräch, bei dem ich klare Worte gebraucht habe. Herr Neumann, der Zeuge war, hat mir hinterher gesagt, dass dieses Gespräch eine epochale Bedeutung hatte. Ich hoffe, dass Heidegger zur Feder greifen und einige Seiten schreiben wird, die sich auf das Gespräch beziehen und angesichts des wieder aufkommenden Nazismus auch eine Warnung sein werden.« [136]

Was in der Hütte selbst gesprochen wurde, bleibt im Dunkeln. Erst auf der Rückfahrt hat Celan anscheinend von sich aus das entscheidende Thema angeschnitten. Heideggers Antwort aber war »Krudes« – ein selten gebrauchtes Wort, das etwas Rohes, Ungehobeltes, Undeutliches meint. Angesichts des »Kruden«, das Heidegger attestiert wird, relativiert sich die »epochale Bedeutung«, von der der Fahrer Gerhard Neumann Celans Brief an seine Frau zufolge gesprochen hatte – vermutlich war das als bloße rituelle Ehrerbietung vor dem Dichter gemeint. Es ist einzig das Krude, das im Gedicht festgehalten wird. Und es bestimmt auch das Weitere: Auf dem Rückweg, das berichtete später der Freiburger Professor Gerhart Baumann, der dazustieß, unternahm man einen Spaziergang zum Horbacher Moor, der wegen Regens aber abgebrochen werden musste. Das konkrete Geschehen nimmt im Gedicht chiffreartige Formen an und fasst das, was am Ende bleibt, vieldeutig zusammen:

»die halb- / beschrittenen Knüppel- / pfade im Hochmoor, / / Feuchtes, / viel.«

Der Gang zum Hochmoor war der ausdrückliche Wunsch Celans gewesen, und gerade im Horbacher Moor gibt es Pflanzen – auf botanischen Hinweisschildern kann man es heute nachlesen –, deren Namen wie Worte aus Celan-Gedichten wirken: Rippenfarn, Blutauge, Sumpffieberklee, Torfmoospflaster, Herzförmiges Zweiblatt. Das Moor ist also nicht nur etwas untergründig Unheilvolles, es hält auch Versprechen bereit und stellt heimatliche Verbindungen her. So sind die Bilder und Worte, die in Celans Gedicht etwas Unterirdisches evozieren, durchaus zweideutig: Selbst die »Waldwasen«, die »uneingeebnet« sind, kann man nicht einfach nur eindeutig auf etwas Verwesendes, sich Zersetzendes beziehen, sondern sie beinhalten auch das Uneindeutige, Rohe und nicht klar zu Fassende bei Heidegger, zu dem auch gehört, dass er nicht vorschnell einzuordnen ist. Die »halb- / beschrittenen Knüppel- / pfade« stehen für dieses Dazwischen. Man ist auf halbem Wege wieder zurückgekehrt, im Wort »Knüppel« steckt etwas Gewalttätiges, aber mit Knüppelpfad wird auch ein Weg bezeichnet, den man sich durch wild wachsendes Gesträuch hindurch erst bahnen muss.

Vor allem aber sind die »Knüppelpfade« auch sehr krude Varianten der heideggerschen »Holzwege«. Mit diesem Wort kennzeichnet der Philosoph selbst den Weg seines Denkens. Es sind die Wege im Schwarzwald, die von den Bauern für den Holzschlag angelegt wurden: Sie führen nirgendwohin und hören mitten im Wald auf. Sie sind einerseits dazu da, Holz zu liefern, also für Wärme im Alltag zu sorgen, andererseits wurde der »Holzweg« umgangssprachlich auch zu einer Formel für einen Irrweg: Er endet im Nichts. Wenn Heidegger sich also mehrmals in seinem Leben auf einem Holzweg befunden hat, so gehört das, seinem Denken gemäß, unausweichlich dazu und führt zu einer »Kehre«.

Dieselbe Vieldeutigkeit liegt in den beiden abgesetzten Schlusszeilen: »Feuchtes, / viel« – darauf weist unter anderem das letzte Wort. Natürlich assoziiert man als Erstes die Tränen im Auge, aber das Feuchte verweist auch auf das Wasser im Moor an sich, und das lässt Zuschreibungen aus mehreren Richtungen zu. Im »Feuchten« liegt etwas Lebensspendendes, in dieser Form taucht es in verschiedenen Celan-Gedichten auf. Das »Feuchte« am Ende dieses Gedichts umfasst vieles, es umfasst auch das Gedicht selbst. Es bleibt etwas Diffuses zurück. Aber über allem liegt auch eine Trauer, die von diesem Diffusen hervorgerufen wird.

Celan sandte Heidegger das Gedicht *Todtnauberg* sofort, als es in einem Sonderdruck erschienen war. Die Antwort Heideggers wirkt wie das Ende einer Beweisführung, die das Gedicht unternommen hatte. Der Philosoph schrieb an Celan: »Das Wort des Dichters, das ›Todtnauberg‹ sagt, Ort und Landschaft nennt, wo ein Denken den Schritt zurück ins Geringste versuchte – das Wort des Dichters, das Ermunterung und Mahnung zugleich ist und das Andenken an einen vielfältig gestimmten Tag im Schwarzwald aufbewahrt. Aber es geschah schon am Abend Ihrer unvergesslichen Lesung beim ersten Grüßen im Hotel. Seitdem haben wir Vieles einander zugeschwiegen. Ich denke, dass einiges noch eines Tages im Gespräch aus dem Ungesprochenen gelöst wird. (...) Und meine Wünsche? Dass Sie zur gegebenen Stunde die Sprache hören, in der sich Ihnen das zu Dichtende zusagt.«[137]

Natürlich war auch das nicht das erlösende Wort »eines Denkenden«, das Celan im Gedicht »angemahnt« hatte – aber Heidegger bewegt sich hier doch einen Schritt auf Celan zu. Er spricht das »erste Grüßen im Hotel« an, zu dem gehört, dass Celan ein gemeinsames Foto verweigert hatte, er nimmt die »Mahnung« auf und auch einen Unterton des Gedichts, wenn er feststellt, dass sie »Vieles einander zugeschwiegen« hätten. Auch, dass das Gedicht »Ermunterung und Mahnung zugleich ist«, hört er durchaus nicht falsch heraus. Aber insgesamt entspricht der Brief Heideggers dem, was Celans Gedicht heraufbeschwor: Er lenkt ab in andere Sphären, weist auf etwas Kommendes, in dem »einiges« wohl »aus dem Ungesprochenen gelöst« werden würde. Die Schlusswendung allerdings, mit der er alles wie in einem gemeinsamen Einverständnis der Dichtung überantwortet und dem Dichter wünscht, die Sprache möge zu ihm kommen – sie musste Celan enttäuschen.

Es sind unterschiedliche Reaktionen Celans auf Heideggers Umgang mit dem Gedicht *Todtnauberg* überliefert. Harsch ist ein Briefentwurf, in dem es heißt: »... dass Sie (durch Ihre Haltung) das Dichterische und, so wage ich zu vermuten, das Denkerische, in beider ernstem Verantwortungswillen, entscheidend schwächen.«[138] Andere Äußerungen sind abwartender. Aber es gehört auch zu Celan, was Monika Reichert, die Gattin seines Lektors Klaus Reichert, über ihn erzählt. Der Dichter besuchte die Familie Reichert direkt nach seiner Begegnung mit Heidegger in Frankfurt: »Celan kam in Haferlschuhen und Lodenmantel. Klaus fragte ihn, wieso gerade er sich habe mit Heidegger treffen können, und Celan antwortete: ›Ja, ich habe ihn gefragt, was er mir zu seiner Vergangenheit zu sagen hätte. Er sagte, er werde sich eine Antwort überlegen. Die hat er mir aber dann nicht gegeben.‹ Damit war dieses Thema erledigt. Bei Tisch steigerte Celan sich geradezu in einen Hymnus auf Heidegger hinein, mit manchmal einem

Prophetengestus in den erhobenen Händen. Niemand konnte oder wagte den Monolog zu unterbrechen. Als er dann sogar zu schwärmen begann: ›Und auch seine Frau ist so reizend‹, warf Marie-Luise Kaschnitz, die bisher unentwegt in ihrem Essen herumstocherte, trocken ein: ›Wir haben sie damals schon (in den 30er Jahren in Freiburg) die Martinsgans genannt.‹ Erschrockenes Schweigen. Celan erstarrte. Genau in diesem Moment begann Alice, vier Monate alt, im Nebenzimmer zu schreien. (...) Celan legte mit Heftigkeit Messer und Gabel auf den Tisch, richtete die zornigen Augen auf die Tür, über den Kopf von Frau Kaschnitz hinweg, und hatte einen Blitzableiter gefunden.«[139]

In diesem Bericht ist alles enthalten: Celan, der Schauspieler in Haferlschuhen, Celan, der hymnische Dichter mit dem Gestus eines Sehers, Celan, der Unberechenbare. Heidegger blieb etwas, womit er nicht fertigwurde.

Kapitel 5

Manchmal wird der Genius dunkel

Friedrich Hölderlin als Identifikationsfigur

Das Jahr 1965 stand für Celan im Zeichen schwerer psychischer Krisen. Nach ehelichen Spannungen entschied er sich im Mai für eine zweiwöchige stationäre Behandlung, ohne viel Vertrauen in die Therapeuten zu haben. Die nächsten Monate waren von vielen Reisen geprägt, aber auch weiterhin von ernsten psychischen Schwierigkeiten. Am 24. November schließlich kam es zu seinem stärksten paranoiden Schub: Er versuchte, mit einem Messer seine Ehefrau umzubringen, und wurde zunächst in die psychiatrische Klinik in Garches eingeliefert. Die Zeit bis Mitte Juni 1966 verbrachte er in verschiedenen pychiatrischen Anstalten.

Kurz vor dem Tötungsversuch an seiner Frau hatte Celan zwischen dem 21. und 27. Oktober eine atemlos erscheinende, spontane, getriebene Reise quer durch Frankreich unternommen. Die erste Station ist Saint-Jean-de-Luz (in der Nähe der spanischen Grenze an der Atlantikküste), und in den nächsten Tagen kommt er durch Ascain, Hendaye, Pau, Tarbes, Toulouse, Montpellier, Avignon, L'Isle-sur-Sorgue, Valence und Lyon. Während dieser hektisch anmutenden Ortswechsel ohne Ziel entstehen Gedichte, in denen die durchreisten Orte auftauchen. Diese Gedichte wirken wie ein Stabilitätsanker, ein Festhalten des Moments. In Montpellier schrieb er das Gedicht DIE UNZE WAHRHEIT *tief im Wahn,* in dem sein Sohn Eric angesprochen und eine gemeinsame Zukunft beschworen wird.[140]

Friedrich Hölderlin, der große Vorgänger und von Celan oft als Geistesverwandter angesprochen, durchlief eine ähnliche biographische Zäsur, als er Frankreich durchquerte: Er ging 1802 zu Fuß von Stuttgart nach Bordeaux, um dort eine Stelle als Erzieher oder »Hofmeister« anzutreten, und nach wenigen Monaten legte er bei der Rückkehr zumindest viele Abschnitte der Strecke wieder zu Fuß zurück. Man weiß wenig darüber, was während seines Aufenthalts in Bordeaux und während der langen Wanderungen geschah. Aber als er nach Stuttgart zurückkehrte, war eine Veränderung in ihm vorgegangen. Sein Halbbruder Karl Gok schrieb, Hölderlin sei in einem Zustand angekommen, »der die deutlichsten Spuren seiner Geistes Zerrüttung zeigte«.[141] In seiner Lebensbeschreibung des Dichters berichtet der Zeitgenosse Wilhelm Waiblinger 1828: »Er war leichenbleich, abgemagert, von hohlem wildem Auge, langem Haar und Bart, und gekleidet wie ein Bettler. Erschrocken hebt sich Herr von Matthison auf, das schreckliche Bild anstarrend, das eine Zeitlang verweilt, ohne zu sprechen, sich ihm sodann nähert, über den Tisch hinüberneigt, hässliche, ungeschnittene Nägel an den Fingern zeigt, und mit dumpfer geisterhafter Stimme murmelt: Hölderlin. (...) In Nürtingen bey seiner Mutter angelangt, jagt er sie und sämmliche Hausbewohner in der Raserei aus dem Hause.«[142]

Die psychische Gefährdung, die seelischen Gespanntheiten sind sicher eine der auffälligsten Gemeinsamkeiten zwischen Celan und Hölderlin. Aber diese hochempfindliche Sensibilität, mit der in jedem Fall auch auf zeitgeschichtliche und gesellschaftliche Tendenzen reagiert wird, ist nicht die einzige Verbindung. Beide sind in ihrer jeweiligen Gegenwart auch Solitäre in der Art, wie sie mit Sprache umgehen. Ihre Gedichte sind Ausdruck eines hochkomplexen literarischen Bewusstseins, mit vielen Anspielungen auf verschüttete Traditionen, mit Zitaten und einer für die Zeitgenossen nicht sofort erkennbaren und aufschließbaren Form. Die Wirkungen eines archaisch anmutenden Pathos bei Celan und Hölderlin sind durchaus vergleichbar: Da sind auf der einen Seite die Hymnen und Oden, mit denen der schwäbische Pfarrerssohn auf die Antike zurückgreift und dem Deutschen ein Versmaß vermittelt, für das es in seiner spezifischen Prosodie zunächst gar nicht geeignet erscheint, und auf der anderen Seite Celans Umgang mit dem Wiener Fin de siècle, mit Rilke, Hofmannsthal und Trakl, vorgetragen im feierlichen Burgtheaterton, dann aufgebrochen durch die Suchbewegungen zu den innersten lexikalischen Wurzeln.

Celans letzte öffentliche Lesung fand im Rahmen einer Tagung der Hölderlin-Gesellschaft in Stuttgart statt, einen Tag nach Hölderlins zweihundertstem Geburtstag und ungefähr einen Monat vor seinem Freitod. Vermutlich ging er vom Pont Mirabeau aus in die Seine, wenige Schritte von seiner letzten Wohnung in der Avenue Emile Zola entfernt.

Man fand danach auf seinem Tisch die Hölderlin-Biografie von Wilhelm Michel von 1940, die 1949 überarbeitet und 1967 nachgedruckt wurde. Sie war auf einer Seite aufgeschlagen, auf der Michel einen Satz von Clemens Brentano zitiert und auf Hölderlin bezieht: »Manchmal wird dieser Genius dunkel und versinkt in den bitteren Brunnen seines Herzens.«[143] Das lässt viele Interpretationen und Assoziationen zu, aber der identifikatorische Zug, dem Celan diesen Satz beimaß, liegt auf der Hand.

Die biografischen Parallelen zwischen Hölderlin und Celan wirken auf den ersten Blick frappierend. Hölderlins Dichten erfuhr einen entscheidenden Bruch durch seinen Aufenthalt im damals führenden »modernen« Authenriethschen Klinikum in Tübingen vom 15. September 1806 bis zum 3. Mai 1807. Die Behandlung war darauf ausgerichtet, seinen Widerstand zu brechen – mit dem Ergebnis, dass danach seine gesamte Persönlichkeit zerbrochen war. Er wurde als unheilbar entlassen, lebte aber noch einige Jahrzehnte in seinem berühmten Turmzimmer beim Schreinermeister Zimmer. Celans Behandlungen bei seinen diversen Aufenthalten in der Psychiatrie schlossen in gewisser Weise daran an. Die »moderne« Form waren nun starke Psychopharmaka, von denen Celan in seinen letzten Jahren auch äußerlich gezeichnet war, oder Elektroschocks. Celan setzte sich auf seine Weise damit auseinander. An manchen Tagen seiner Klinikaufenthalte schrieb er etliche Gedichte hintereinander, und der »Wahn« wurde zu einem dabei häufig beschworenen Zustand. Seine Gedichte sprechen von einem Kampf, und sie stehen für die hellen, klaren Phasen, die es zwischen den einzelnen paranoiden Schüben gab, die aber gegen Ende seines Lebens doch auch verschatteter wurden.

Mit Hölderlin beschäftigte sich Celan im Lauf seines Lebens immer intensiver. Aus seinem Nachlass wurden Fragmente zu einem geplanten Vortrag *Von der Dunkelheit des Dichterischen* herausgegeben, und hier findet sich die Bemerkung: »noch das ›exoterischste‹, offenste Gedicht ist dunkel, und, erlauben Sie mir diesen vielleicht nicht ganz überflüssigen Hinweis: wenn irgendein Dichter, so war Hölderlin ein vir clarus.«[144]

Für eine vertiefte Hölderlin-Lektüre Celans gab Anfang der fünfziger Jahre Martin Heidegger einen entscheidenden Anstoß. Für den Philosophen war Hölderlin nämlich zum Inbegriff einer »Kehre« seines Denkens geworden. Da, wo die Philosophie nicht mehr hinreiche, beginne der eigentliche Bereich der Dichtung. Hölderlin, als Heideggers schwäbisch-alemannischer Landsmann, aber auch als einer, der zu Beginn des zwanzigsten Jahrhunderts als Dichter »vaterländischer Gesänge« ideologisiert wurde, avancierte für den Philosophen dabei zum Dreh- und Angelpunkt seiner neuen Suchbewegungen. Zum ersten Mal trat das zutage, als er am 2. April 1936 in Rom eine Rede über *Hölderlin und das Wesen der Dichtung* hielt: »Hölderlin ist nicht darum gewählt, weil sein Werk als eines unter anderen das allgemeine Wesen der Dichtung verwirklicht, sondern einzig deshalb, weil Hölderlins Dichtung von der dichterischen Bestimmung getragen ist, das Wesen der Dichtung eigens zu dichten. Hölderlin ist uns in einem auszeichneten Sinne d e r   D i c h t e r   d e s   D i c h t e r. Deshalb stellt er in die Entscheidung.«[145]

Heidegger erkannte im Kunstwerk eine neue Möglichkeit, die Wahrheit des Seins zu erfassen, und stellte Hölderlins Frage in der Elegie *Brod und Wein* in diesen Zusammenhang: »wozu Dichter in dürftiger Zeit?« Obwohl Heidegger hier den Fast-Zeitgenossen Rilke, auf die unmittelbare Gegenwart bezogen, in den Mittelpunkt stellt, bildet der titelgebende Hölderlin das Kraftzentrum. Der schwäbisch-alemannische Geistesverwandte ist für Heidegger »der Vor-gänger der Dichter in dürftiger Zeit« und als solcher der erste, der die Sprache »wagt«.[146] Der Philosoph entdeckt die dichterische Sprache als die seine, und Hölderlin ist ihr Prophet.

Die Vorstellung einer »dürftigen Zeit« wurde für Heidegger Mitte der dreißiger Jahre aus konkreten biografischen Gründen relevant. Hölderlins Formulierung führte ihn dabei zu weit ausgreifenden Fragestellungen, die die Gegenwart transzendieren. Heidegger definiert, anhand von Hölderlins *Brod und Wein,* die »dürftige Zeit« als einen Zustand zwischen dem »Nichtmehr der entflohenen Götter« und dem »Nochnicht des Kommenden«.[147] Das ist, wenn auch ohne konkretere politische Implikationen, eine genaue Beschreibung dessen, wie sich der Dichter Hölderlin selbst verortete, zwischen einer als Ideal erträumten Gesellschaft der alten Griechen und der Hoffnung, dieses in der Gegenwart einlösen zu können. Heidegger entwickelt daraus ein Bild des Dichters, mit dem sich Celan, in etlichen Anspielungen, immer wieder auseinandersetzte: »Der Dichter selbst steht zwischen jenen – den Göttern, und diesem – dem Volk. Er ist ein Hinausgeworfener – hinaus in jenes Z w i s c h e n, zwischen den Göttern und den Menschen. Aber allein und zuerst in diesem Zwischen entscheidet es sich, wer der Mensch sei und wo er sein Dasein ansiedelt. Dichterisch wohnt der Mensch auf dieser Erde.«[148]

Ein »Hinausgeworfener« – das entspricht bei Celan dem »Zeltlosen« des Dichters, der sich »auf das unheimlichste im Freien« befindet.[149] Aber dann, nach einer ungemein konzentrierten Anstrengung, eine eigene Poetologie zu entwerfen, setzte er einen anderen Akzent, was das »Nichtmehr« und das »Nochnicht« angeht, und zwar einige Jahre nach der identifikatorischen Beschäftigung mit Heidegger. In seiner Büchnerpreisrede 1960 griff er jenen Zwischenzustand in umgekehrter Weise auf und sprach vom »Schon-nicht-mehr« und dem »Immernoch« des Gedichts.[150] Das wandte sich entschieden gegen Heideggers »Nochnicht«, gegen dessen Zuweisungen an die Dichtung, zum »Eigentlichen« vorzudringen. Die unmittelbare Zeitgeschichte ist dazwischengekommen. Aber der »Dichtungs«-Begriff Heideggers treibt Celan weiter um, und seine Gedichte sind auch von der Trauer darüber geprägt, dass jene empathische Form von »Dichtung« nicht möglich ist.

1954, in La Ciotat, beschäftigte sich Celan mit Heideggers Schrift *Was heißt Denken?*. Man merkt Heideggers Sätzen an, dass er sich von wissenschaftlicher Systematik weit entfernt hat und nach etwas Anderem sucht: »Das dichtend Gesagte und das denkend Gesagte sind niemals das gleiche. Aber das eine und das andere kann in verschiedenen Weisen dasselbe sagen. Dies glückt allerdings nur dann, wenn die Kluft zwischen Dichten und Denken rein und entschieden klafft. Es geschieht, so oft das Dichten ein hohes und das Denken ein tiefes ist.«[151]

Dichten und Denken: Diese Verbindung trieb auch Celan um, und hier fühlte er sich zu Heidegger hingezogen. Und es scheint fast zwangsläufig zu sein, dass viele Begriffe, die Heidegger in charakteristischer Weise benutzt und immer wieder neu vorantreibt, auch in Celans Kosmos eine große Rolle spielen. Das Wort »Gedächtnis« ragt dabei heraus. Den folgenden Satz hat Celan in seiner intensiven Durcharbeitung von Heideggers Schriften unterstrichen und am Rand mit drei Strichen gekennzeichnet, denn hier verortet Heidegger die entscheidende Schnittstelle zwischen Dichten und Denken im Gedächtnis: »Gedächtnis, das gesammelte Andenken an das zu-Denkende, ist der Quellgrund des Dichtens.«[152] Hier fühlte sich Celan offensichtlich direkt gemeint. *Mohn und Gedächtnis* war Celans poetische Zauberformel Ende der vierziger Jahre, und dass bei Heidegger daraus ein »Andenken« entsprang, führte bei Celan zu einer intensiven Auseinandersetzung mit dem Philosophen.

Andenken: Für Heidegger ist die gleichnamige Ode Hölderlins zentral. Hier werden Denken und Dichten eins. Der berühmte und allseits zitierfähige Schlussvers scheint die Laufrichtung seines Philosophierens in eine bleibende Formel zu überführen: »Was bleibet aber, stiften die Dichter.«[153] Auf diesen Satz läuft Heideggers Lesart des Gedichts zu, er hat etwas Statisch-Zeitloses, das deswegen auch auf die Zukunft gemünzt werden kann, im Sinne des Heroischen der Dichtung: »›Denkt‹ hier der Dichter an Vergangenes, das bleibt, weil es übrig geblieben? Wozu dann noch ein Stiften? >Denkt< das Stiften nicht eher >an< das Künftige? Dann wäre *Andenken* doch ein Andenken, aber solches, das an das Kommende denkt.«[154]

Was vor diesem Schlussvers in Hölderlins Gedicht geschieht, spricht jedoch von etwas Anderem, spricht jedoch auch von etwas Anderem, und Celan legt seinen Akzent darauf. Hölderlin lässt dabei seinen Aufenthalt in Bordeaux Revue passieren, der anscheinend von sehr widersprüchlichen Regungen geprägt war. Es sind weit ausholende Verse, die seine erst kurz zurückliegenden Erfahrungen als Hofmeister im Haus eines deutschen Kaufmanns zur Zeit der Französischen Revolution umkreisen. Das gesamte Gedicht ist gezeichnet von entgegengesetzten Bewegungen. Einer ersten Phase des sich selbst besinnenden Ich tritt eine unruhige Phase äußerer Ereignisse gegenüber. Erst der Schlussvers versucht, eine Einheit im Gegensätzlichen zu schaffen, und diese ist dadurch weitaus prekärer, als es durch die wie in Blei gegossene Formel scheint:

> (...) Es nehmet aber
> Und gibt Gedächtnis die See,
> Und die Lieb auch heftet fleißig die Augen,
> Was bleibet aber, stiften die Dichter.

Es ist aufschlussreich, dass sich Celan in seiner Hölderlin-Ausgabe nicht den Schlussvers angestrichen hat, sondern die Zeilen zuvor, die ihn weniger vorbereiten, sondern ihn im Voraus bereits eher zu relativieren scheinen: »Es nehmet aber / Und gibt Gedächtnis die See«. Hier ist nichts statisch, hier ist auf wenig Verlass, und das Gedächtnis kann sich seiner nicht gewiss sein. Dies ist die Erkenntnis, auf der der Dichter aufbauen muss, dies ist seine Verbindung von Dichten und Denken. Und darauf beruht das Gedicht, das Celan in La Ciotat als Antwort auf Heidegger geschrieben hat. Es hat dieselbe Überschrift wie bei Hölderlin, *Andenken,* doch er geht damit völlig anders um als Heidegger.

> *Feigengenährt sei das Herz,*
> *darin sich die Stunde besinnt*
> *auf das Mandelauge des Toten.*
> *Feigengenährt.*
>
> *Schroff, im Anhauch des Meers,*
> *die gescheiterte*
> *Stirne,*
> *die Klippenschwester.*
>
> *Und um dein Weißhaar vermehrt*
> *das Vlies*
> *der sömmernden Wolke.*[155]

Das erste Wort des Celan-Gedichts, »Feigengenährt«, bezieht sich auf ein Bild aus dem Hölderlin-Gedicht. In dessen erstem Teil wird inmitten aller Wirren ein vorläufiger Ruhepol benannt: »Im Hofe aber wächset ein Feigenbaum«. Die Feige gehört zu den Grundworten von Celans Lyrik, und er nimmt dieses Wort deshalb gleich am Anfang auf und weist damit darauf hin, dass sich hier Dichtung auf Dichtung bezieht, dass sich Celans Gedicht von Hölderlins Gedicht »nährt«. Aber es überführt dieses in einen jüdischen Kontext. Der Feigenbaum steht im Alten Testament, meist zusammen mit dem Weinstock, als Symbol für ein erfülltes Leben, es gibt in diesem Bild auch eine von Celan andernorts aufgenommene sexuelle Komponente. Charakteristisch für ihn ist, dass er in dieses Spannungsfeld den Tod einbezieht, er verbindet die Feige in der Folge untrennbar mit dem »Mandelauge des Toten«. Feige und Mandel sind Teil einer spezifisch jüdischen Kulturtradition mit all ihren Konnotationen und fügen Hölderlins geschichtlichen Erfahrungen Celans neue und eigene, katastrophale hinzu.

Die geschichtliche Erfahrung des Juden tritt also neben Hölderlin, und damit wird auch der Gegensatz zu Heideggers Aneignung von Hölderlins Gedicht deutlich. Celans *Andenken* gilt seinem jüdischen Herkommen, und bei ihm stiftet der Dichter nicht etwas Bleibendes. Es geht ihm um Erinnerungen, um Totengedenken und um eine Geschichte, die in einem schmerzhaften Prozess vergegenwärtigt wird – in Worten, in Zeichen, die für diesen Prozess stehen und auf nichts anderes außerhalb dieses Prozesses verweisen. »Es nehmet aber / Und gibt Gedächtnis die See«: Dies entspricht der zentralen Vorstellung in Celans *Mohn und Gedächtnis*. Der »Mohn« wird durch den Moment des Gedichts im »Gedächtnis« aufgehoben, und so bleiben auch in Celans Gedicht *Andenken* jene Bilder, die etwas Fließendes, Bewegtes, Widersprüchliches bezeichnen: Meer, Klippe, Wolke.

Die Dichtung muss das »Gedächtnis« immer wieder neu fassen, sie setzt sich dem »Geben und Nehmen« des Gedächtnisses aus. Deshalb kann das »Andenken« im

Gedicht nur vorübergehende Zeichen für die Erinnerung setzen.[156] Hier schließt Celan direkt an Hölderlin an, und er schließt Heidegger dabei vorübergehend aus. Dichten und Denken sind beide Töchter der Mnemosyne, der Mutter der Musen, und in Hölderlins Hymne *Mnemosyne* findet sich die Zeile, auf die Celan in seinen Erinnerungs-gedichten zuschreibt: »Ein Zeichen sind wir, deutungs-los«[157]. Also muss sich auch die Dichtung entziehen. Sie verweigert sich der einlinigen Bedeutung, dem eindeuti-gen Verständnis, und genau darin liegt ihr Potenzial.

Das Gedächtnis, die See: Vielleicht spielte Celans ers-ter stürmischer Briefentwurf an Heidegger aus La Ciotat darauf an: »vom Meer her / dieses Zeichen der Vereh-rung«.[158] Doch seine geschichtlichen Zeichen sind andere als beim Schwarzwälder Philosophen, und er verbindet sie gegen diesen mit den biografischen Erfahrungen Höl-derlins. Das »Mandelauge des Toten« bleibt geschlossen, der Tote wird nur lebendig im Gedicht – die Zeichen des Gedichts bleiben immer auch fragwürdige Zeichen. Das »Weißhaar« am Schluss ruft, wie bereits im Gedicht *Spät und tief,* das verbrannte aschene Haar der Toten auf.

Das Wort »Schroff«, mit dem die zweite Versgruppe Celans einsetzt, ist in diesem Sinn, an dieser Stelle auch als eine Abkehr von Heidegger zu lesen. Die »Stirn«, die denkt, und das »Herz« aus der ersten Zeile, das dem Dich-ten zugeordnet wird: Sie gehen ganz anders als bei Heideg-ger auseinander. Die Stirn ist »gescheitert«. Und der Ort, an dem das Gedicht sich befindet, ist die »Klippe«: eine ausgesetzte Stelle, ein Grenzbereich, scharfkantige Steine, ein Widerstand, auf den die Erinnerung stößt und an dem sie sich bricht. Dies ist für Celan der entscheidende Moment im Gespräch mit Heidegger. Bei dem Schwarzwälder Philosophen versucht das Gedicht, dem »Haus des Seins« ein stabiles Fundament zu geben, also »im Unheilen das Heile« hervorzurufen, das verborgen ist.[159] Celan dagegen macht »Klippen« aus. Die Ganzheit, die Heidegger immer vorschwebt, gibt es für ihn nicht. Celans Gedichte wiederholen in einem neuen Sinn die Suchbewegungen Hölderlins und arbeiten allem entgegen, was sich als starr und fix ausgibt. Sie machen die Suchbewegungen als solche zum Gedicht, und gleichzeitig werden sie im Gedicht reflektiert.

Celan wendet sich bei alldem nie grundsätzlich von Heidegger ab. Er versucht vielmehr, dessen Vorstellung von »Dichtung« immer wieder auch für sich produktiv zu machen. In einem Brief an den Zürcher Redakteur Werner Weber aus dem Jahr 1960 wird Celans Affinität sehr deutlich. Es geht um seine Übersetzung der *Jeune Parque* von Paul Valéry, und er hebt den Bezug zu Heidegger dabei sogar durch dessen charakteristische sperrig-betonte Wiedergabe einzelner Worte hervor: »Dass es mir gelang, unter Hinzunahme einer e i n z i g e n Silbe auszukommen, d. h. das im Französischen Wort Gewordene noch einmal in seiner – dichterischen – Wörtlichkeit zu aktualisieren: das danke ich – verzeihen Sie die Emphase –, das danke ich ... den Göttern. / Darf ich hier auch noch sagen, dass die Übersetzung auch für mich eine Ü b u n g war, ein >exercice<? Ja, es war ein Exerzitium, es waren E x e r z i - t i e n, es war, wenn ich hier ein Wort Martin Heideggers mitsprechen lassen darf, ein W a r t e n a u f d e n Z u - s p r u c h d e r S p r a c h e.«[160]

»Das danke ich den Göttern«: Hier ist der Kreis wieder geschlossen, über Heidegger zu Hölderlin. Es sind die verschwundenen Götter und die Hoffnung auf ihre Wiederkunft, die Heidegger bei Hölderlin immer wieder benennt. Die Götter und die Dichtung stehen miteinander in Verbindung, und es ist eine ausgesetzte, einsame Zone. In Celans Werk gibt es etliche Anspielungen dieser Art auf Hölderlin. Sie gelten jedoch nicht vorwiegend jenem geschichtlich-mythischen Raum, sondern sind in erster Linie biografisch begründet. Der Dichter, der sich der literarischen Sprache seiner Zeit entzieht und das antike Versmaß dem Deutschen einverleibt, der Dichter, dessen Hoffnungen auf eine Revolution enttäuscht werden und der sich dem Wahnsinn ausgesetzt sieht – in diesem Sinne wurde Hölderlin im Lauf der sechziger Jahre für Celan zu einer Identifikationsfigur. Signifikant wird dies in einer Notiz Mayotte Bollacks, der Ehefrau des Altphilologen Jean Bollack. Ende August 1964 besuchte Celan zusammen mit Peter Szondi das Paar in der Dordogne. Die Sätze, die Jean Bollack mitteilt, vermitteln ein charakteristisches Bild Celans: »Eines Abends in der Dordogne, wo die Gestalten und die Erinnerung Hölderlins ihn beschäftigten, sagte er: >je suis la poésie.< An jenem Abend war er aufgewühlt (an den übrigen Tagen eher verschlossen und ausweichend). Schweigend hörten wir ihm zu, während er diese pathetischen Sätze vorbrachte.«[161]

»Je suis la poésie«: Dieser Satz erinnert an Celans Wahrnehmung seiner Lesung bei der Gruppe 47, die er seiner Frau schilderte, er sieht sich in einer Tradition mit den großen Dichtern, die quer zu ihrer Zeit standen. Das wichtigste Zeugnis von Celans Beschäftigung mit Hölderlin ist sein Gedicht *Tübingen, Jänner*[162]. Celan hat es am 28. Januar 1961 geschrieben, direkt nachdem er von einem Kurzbesuch aus Tübingen zurückgekehrt war. Er suchte bei dem Rhetorikprofessor Walter Jens, der durch seine Kritikerauftritte bei der Gruppe 47 eine Autorität im Literaturbetrieb darstellte, Unterstützung gegen die Plagiatsvorwürfe Claire Golls. Die Verleihung des Büchnerpreises lag erst wenige Monate zurück, und das Gedicht nimmt sämtliche Zeitumstände auf: Es rekurriert auf den »20. Jänner« als mythisches Schicksalsdatum, das jedem Gedicht eingeschrieben sei, wie es Celan in Darmstadt formuliert hatte, genauso wie auf die Krankheitsgeschichte von Büchners *Lenz* und Celans eigene Bedrängnisse: von der Goll-Affäre bis zu den Aporien Hölderlins.

TÜBINGEN, JÄNNER

Zur Blindheit über-
redete Augen.
Ihre – »ein
Rätsel ist Rein-
entsprungenes« –, ihre
Erinnerung an
schwimmende Hölderlintürme, möwen-
umschwirrt.

Besuche ertrunkener Schreiner bei
diesen
tauchenden Worten:

Käme,
käme ein Mensch,
käme ein Mensch zur Welt, heute, mit
dem Lichtbart der
Patriarchen: er dürfte,
spräche er von dieser
Zeit, er
dürfte
nur lallen und lallen,
immer-, immer-
zuzu.

(»Pallaksch. Pallaksch.«)

Wenn man um die Umstände der Entstehung dieses Gedichts weiß, fällt es schwer, die »zur Blindheit überredeten Augen« nicht auch als einen unmittelbaren Reflex auf
das Gespräch mit Walter Jens zu verstehen. Der Tübinger
Professor schrieb dann tatsächlich, wie er es versprochen
hatte, einige Monate später einen Artikel in der Wochenzeitung *Die Zeit*[163], in dem er Celan gegen alle Angriffe ver-
teidigte. Aber er wird auch, wie es alle in dieser Zeit taten,
die Celan helfen wollten, versucht haben, den Dichter zu
beschwichtigen: Er solle das alles nicht so an sich heran-
kommen lassen, seine poetische Dimension sei unumstrit-
ten. Celan reagierte auf solche Ermunterungen und Un-
terstützungsworte mit Argwohn und Unmut, wie seinen
Briefwechseln zu entnehmen ist. Jens, so wäre der Beginn
dieses Gedichts in diesem Zusammenhang zu übersetzen,
wollte ihn dazu überreden, die Augen vor dem Unrecht zu
verschließen.

Aber das ist sicher nicht alles, wofür die »zur Blindheit überredeten Augen« in diesem Gedicht stehen. Sie führen nämlich auch direkt in den Hölderlin-Kosmos, die Augen erinnern sich gerade jetzt, in ihrer prekären Verfasstheit, an »schwimmende Hölderlintürme«. Es bleibt aber eine offene Frage, wer hier eigentlich spricht. Es gibt kein Subjekt in diesem Gedicht, keine identifizierbare Person, die etwas mit einem wie auch immer überkommenen »lyrischen Ich« zu tun hat. Einzig der Name »Hölderlin« fällt, aber nur im Kompositum »Hölderlintürme«, eines der bekanntesten Tübinger Bauwerke, das allerdings nur in der Einzahl existiert: Es gibt nur einen Hölderlinturm. Die Form des Plurals erstreckt sich auch auf den Schreiner Ernst Friedrich Zimmer, der Hölderlin nach dessen katastrophalem mehrmonatigem Klinikaufenthalt in seinem Turmhaus wohnen ließ und ihn pflegte. Auch er wird in die Mehrzahl gesetzt, »ertrunkene Schreiner« erscheinen den »tauchenden Worten«. Es scheint sich um eine Art doppeltes Sehen zu handeln und rührt von einer besonderen Form der »Blindheit« her, einem verschwommenes Sehen, das auf ein Sprechen bezogen ist, dem kein Ich zugeordnet werden kann.

Dafür gibt es viele Zitate, Anspielungen und indirektes Sprechen. Zwei in Anführungsstriche gesetzte Hölderlin-Zitate ragen dabei heraus: die in Klammern gesetzte, sich den gewohnten Formen der Verständigung verweigernde Schlusszeile wie auch die zu einer beliebten Chiffre des Bildungsbürgertums gewordene Wendung »ein Rätsel ist Reinentsprungenes« aus der Hymne *Der Rhein*.[164] Dieses Zitat scheint den Anfang von Celans Gedicht gleich mit zu kommentieren, denn ein Rätsel stellt sich hier auch. Aber es weist auf etwas »Reines«, das dem vorausgegangen sein muss.

Bei Hölderlin liegt das Reine in einem hymnisch aufgerufenen antiken Griechenland mit seinen Göttern, die er auch mit dem Ursprung des dichterischen Worts gleichsetzt. Für Celan steht dafür, wie eine ferne, nicht mehr greifbare Erinnerung zwischen Gedankenstriche gesetzt, mittlerweile nur noch der Gedichtvers Hölderlins – die Möglichkeit einer Dichtung also, auf die er sich beziehen kann. Doch das Gedicht selbst gibt keinen Bezugspunkt zu erkennen: Es spricht als ein Niemand oder ein Jedermann, es gibt keine aktiven Verben, sondern nur Partizipien, und in der dritten Strophe stehen die Verben im Konjunktiv.

In der Entwicklung des Gedichts selbst scheint allerdings eine verschwiegene Identifikation mit Hölderlin auf. Es endet mit dem doppelten Zitat »Pallaksch«, auf dieses Wort läuft das Gedicht zu. Es ist überliefert in einem Lebensabriss Hölderlins von Christoph Theodor Schwab, der den Dichter des Öfteren in seinem Turm besucht hatte: »Ein Lieblingsausdruck war das Wort *pallaksch!,* man konnte es das einemal für Ja, das anderemal für Nein nehmen.«[165]

Dieses Wort taucht auf und wird festgehalten, als das Gedicht unter die Wasseroberfläche geht und die »ertrunkenen Schreiner« als das Menschliche erkannt werden. Nach dieser Grenzlinie zwischen oben und unten wird die Sprache anders, tritt in einen anderen Zusammenhang. Man kann das doppelte »Pallaksch« als ein »Gegenwort« begreifen, wie es Celan in seiner Büchnerpreisrede darstellte. Auf dem Weg von der »Kunst« zur »Dichtung« hat er dort zunächst die Kunst als etwas Automatenhaftes, Schnarrendes beschrieben, samt »Puppe« und »Draht«, mit Büchner konstatiert: »Nichts als Pappendeckel und Uhrfedern!«, und danach festgestellt: »Von der Kunst ist gut reden.« Dann aber gelangt er zu der Szene in *Dantons Tod,* als Camille während der Französischen Revolution auf dem Blutgerüst hingerichtet wird und Lucile hinzutritt. Und Celan sagt: »(...) als rings um Camille Pathos und Sentenz den Triumph von ›Puppe‹ und ›Draht‹ bestätigen, da ist Lucile, die Kunstblinde, dieselbe Lucile, für die Sprache etwas Personhaftes und Wahrnehmbares hat, noch einmal da, mit ihrem plötzlichen ›Es lebe der König!‹ (...) Es ist das Gegenwort, es ist das Wort, das den ›Draht‹ zerreißt. (...) es hört sich zunächst wie ein Bekenntnis zum ›ancien régime‹ an. Aber hier wird (...) keiner Monarchie und keinem zu konservierenden Gestern gehuldigt. Gehuldigt wird hier der für die Gegenwart des Menschlichen zeugenden Majestät des Absurden. Das, meine Damen und Herren, hat keinen ein für allemal feststehenden Namen, aber ich glaube, es ist ... die Dichtung.«[166]

In diesem Sinne ist Hölderlins »Lallen«, ist sein »Pallaksch«-Wort Dichtung, also ein »Gegenwort«. Lucile wird natürlich abgeführt und gilt allgemein als verrückt, und Celans Gedicht huldigt gleichfalls der »Verrücktheit« Hölderlins. Es stellt sich eine Linie her, die die solchermaßen Versprengten in der Literaturgeschichte zusammenführt. So erinnert nicht nur das Wort »Jänner« im Titel des Gedichts an Büchners Lenz, dessen sich entwickelnder Wahnsinn in der Novelle eingehend beschrieben wird –

auch das »lallen und lallen«, in das das Gedicht mündet, wird verstärkt durch eine Reminiszenz an den ebenfalls an der menschlichen Gesellschaft zerbrechenden Woyzeck in Büchners Drama: Das »Lallen« geschieht »immer-, immer-/zuzu«. Und das zitiert die Szene »Freies Feld«, in der Woyzeck von Stimmen gequält wird. Sein »immer zu« ist der Ausdruck dieser Qual und wiederholt ein ganz anders geartetes »immer zu« von Marie, wenn sie tanzt und ihn in den Wahnsinn treibt.[167]

Es gibt eine Stelle in Büchners *Lenz,* die es Celan besonders angetan hat. Da heißt es, kurz nachdem der zwanzigste Jänner als Datum genannt worden ist: »Müdigkeit spürte er keine. Nur war es ihm manchmal unangenehm, dass er nicht auf dem Kopf gehen konnte.«[168] Auf dem Kopf gehen: Das kann auch etwas Clowneskes sein, eine Zirkusnummer, aber hinter dieser Oberfläche verbirgt sich eine tatsächlich ver-rückte existenzielle Dimension. Auf dem Kopf gehen, das heißt, dass die üblichen Maßstäbe ins Gegenteil verkehrt werden, dass die Wahrnehmung aus einer entgegengesetzten Perspektive erfolgt. Celan zitiert diesen Büchner-Satz, den dieser auch mit dem Bewusstsein geschrieben hatte, ein Arzt zu sein, der beruflich mit Schädelnerven zu tun hatte – und er fügt eine Erklärung hinzu, die über den Einzelfall Lenz hinausweist und die literarisch-philosophischen Fragestellungen aufwirft, um die es ihm geht: »Wer auf dem Kopf geht, meine Damen und Herren, – wer auf dem Kopf geht, der hat den Himmel als Abgrund unter sich.«[169]

»Abgrund« ist einer der Begriffe, die für Heideggers Standortbestimmungen eine große Rolle spielen. Celan übernimmt ihn, überführt ihn aber in den ästhetisch-geschichtlichen Bereich, der für ihn entscheidend ist. Der Himmel als Abgrund, das könnte man auch als die Welterfahrung Hölderlins ansehen. Die Französische Revolution wirkte auf ihn im Tübinger Stift, zusammen mit den Kommilitonen Hegel und Schelling, wie eine Befreiung, wie eine Verwirklichung der aufklärerischen Ideale, die er in seiner Lyrik mit den Göttern Griechenlands und dem Menschenbild der Antike verband. Es war ein Griechenland des deutschen Idealismus, eine Erfindung, die mehr mit den heimatlichen Verhältnissen zu tun hatte als mit der realen Verfassung Athens in der klassischen Epoche. Hölderlin hat von der Französischen Revolution, von seinem Bild der Griechen, nie losgelassen, aber er sah das zusehends konfrontiert mit den deutschen Niederungen und der Realgeschichte, die zum Terror und zur Kaiserkrönung Napoleons führte. Die ins Extreme gehenden Skandierungen, die griechischen Versmaße, die er der ganz anders gelagerten Prosodie der deutschen Sprache anverwandelte, künden auch von solchen Spannungen.

Hölderlin verlagerte nach 1802 seine lyrische Produktion, und das hat zu weitreichenden Schlussfolgerungen seiner späteren Interpreten und Adepten geführt. In einem Brief vom Dezember 1803 an Friedrich Wilmans heißt es: »Übrigens sind Liebeslieder immer müder Flug, denn so weit sind wir noch immer, troz der Verschiedenheit der Stoffe; ein anders ist das hohe und reine Frohloken vaterländischer Gesänge.«[170]

Diese »vaterländischen Gesänge« tauchen bei Hölderlin nur an dieser einen Briefstelle auf, er hat keinen

Zyklus so benannt und diese Kategorisierung auch sonst nirgends gebraucht. Aber sie haben das Hölderlin-Bild des 20. Jahrhunderts geprägt. Das reicht von der im Deutschen Kaiserreich kurz vor Beginn des Ersten Weltkriegs ersten Hölderlin-Edition Norbert von Hellingraths über Martin Heideggers Entdeckung Hölderlins als des wahren Dichters der Deutschen bis zu Friedrich Beißners lange maßgeblichen »Großen Stuttgarter Ausgabe«, die 1943 ganz im Zeichen dessen begonnen wurde, dass Hölderlin auch als Feldpostausgabe für die Tornister der Wehrmachtssoldaten existierte. Mit den »vaterländischen Gesängen« zielte Hölderlin jedoch keineswegs auf die deutsche Nation im Sinne der Deutschnationalen des 19. und 20. Jahrhunderts. In der Briefstelle grenzt Hölderlin zunächst einfach nur die Stoffe philologisch ab, intime Liebeslieder von den »hohen und reinen« Gesängen, die politisch und gesellschaftlich intoniert sind. Mit »Vaterland« meinte er dabei »La patrie« im Sinne der bürgerlichen Revolution sowie die Demokratie der alten Griechen, von der wir alle herkommen und nach der wir wieder streben sollten. Hölderlins Rezeption im späten 19. und vor allem im totalitären 20. Jahrhundert ist eine Verkehrung. Und genau das ist es, was auch Celan im Blick hat. Er sucht nach der Gegenwart des Menschlichen gegen die Entfremdung durch zeitgeschichtliche Umstände, er sucht Zuflucht bei der »Majestät des Absurden«. Und wendet sich gegen Kunst als Künstlichkeit, als Gerede und rhetorisches Pathos.

Das »Hohe und Reine«, von dem Hölderlin spricht, ist etlichen Gefährdungen und Verführungen ausgesetzt. Der hohe Ton kann über einen ästhetischen zu einem politischen Absolutismus führen. Hölderlins wie auch Celans Gedichte verweigern sich jedoch durch ihre sprachlichen Ausdifferenzierungen, Verdunkelungen und Erhellungen jedem allzu eindeutigen Zugriff. In einem sehr späten Gedicht griff Celan auf eine Formulierung zurück, die er in Wilhelm Michels Hölderlin-Biografie gefunden hatte – demselben Buch, das man nach seinem Tod aufgeschlagen auf dem Tisch des Dichters fand. Michel zitiert aus einem verächtlichen Brief des Hofrats Gerning, eines Beamten in landgräflichen Diensten: »Hölderlin, der immer halbverrückt ist, zackert auch am Pindar.«[171]

Die Pindar-Übersetzungen Hölderlins gehören tatsächlich zu seinen verwegensten sprachlichen Anstrengungen. Genau das »Zackern«, dieses dem landläufigen Gerede fremde Arbeiten an der Sprache und das Auseinandernehmen der Wörter, nimmt auch Celan für sich in Anspruch. Er identifiziert sich mit dem »Halbverrückten« und richtet seinen Text gegen alle, die die Dichtung instrumentalisieren wollen: »ICH TRINK WEIN aus zwei Gläsern / und zackere an / der Königszäsur / wie Jener am Pindar (...)«[172]

Die »Königszäsur«: Sie spricht jenes »Es lebe der König!« Luciles an, jene »Atemwende«, mit der der Dichter an einen Ort gelangt, an dem er zu Hause ist und ganz bei sich. Für einen Moment sind alle Gefährdungen und Verführungen gebannt.

Kapitel 6

Von der Meute gehöhnt

Celan und seine höchst unterschiedlichen Freunde.

Böll, Schroers, Grass

Die Atmosphäre, die in der frühen Bundesrepublik herrschte, ist mittlerweile kaum mehr vorstellbar und schwer zu vermitteln. Vielleicht ist ein Blick auf die »Deutsche Akademie für Sprache und Dichtung« hilfreich. Sie war direkt nach dem Krieg gegründet worden, um den Ruf des »deutschen Geistes« wieder aufzupolieren. Bundespräsident Theodor Heuss war ordentliches Mitglied, Bundeskanzler Konrad Adenauer Ehrenmitglied. Am 14. September 1951 schrieb der Schriftsteller Werner von der Schulenburg, Gründungsmitglied dieser Institution und damit ein prestigeträchtig herausgehobener Schriftsteller der damaligen Gegenwart, an deren Präsidenten Rudolf Pechel: »Ich beobachte ein Vordrängen der jüdischen Autoren, vor allem der Ausländer, speziell in unserem Theater. Wir deutschen Bühnenautoren werden, bis auf einige Emigranten, überhaupt nicht gespielt, gespielt werden dagegen sehr viele Juden, die eine lebhafte Unterstützung in der deutschen Presse finden, sowohl in der ganz links stehenden wie auch in der amerikanisch gelenkten.«[173]

Der Ton dieses Briefes war damals nicht ungewöhnlich. Es lassen sich sehr viele ähnliche Beispiele dafür bei Kulturträgern und in den Medien finden. Vorherrschend war eine merkwürdige Mischung aus Verdrängung, Stolz und Trotz, und wer abseitsstand oder nach anderen Worten suchte, hatte es schwer, gehört zu werden. Im August 1950 schrieb auch der Schriftsteller Heinrich Böll einen Brief. Er nannte seinem Freund Ernst-Adolf Kunz dabei die Zahl der Exemplare, die von seinem ersten Buch *Der Zug war pünktlich* seit seinem Erscheinen im Jahr zuvor verkauft worden waren: 145 Stück.[174] Die Hauptfigur dieses Buches, der Soldat Andreas, ist ein tiefgläubiger Katholik, und wenn er betet, dann betet er auch für die Juden – »besonders«, wie es an einer Stelle heißt, »für die Czernowitzer Juden und für die Lemberger Juden, und in Stanislau sind auch sicher Juden, und in Kolomea«.[175] Dass hier die Geburtsstadt Paul Celans, Czernowitz, auftaucht, stellt einen verblüffenden Zusammenhang her. Böll konnte Celan damals noch überhaupt nicht kennen, dennoch bildet »Czernowitz« in *Der Zug war pünktlich* so etwas wie ein Leitmotiv.

Böll geriet zum ersten Mal ins Licht einer größeren literarischen Öffentlichkeit, als er im Frühjahr 1951 zur Gruppe 47 eingeladen wurde und sofort den Preis dieser Gruppe zugesprochen bekam – am ersten Tag hatte ihn Gruppenchef Hans Werner Richter noch für einen unbefugt eintretenden Handwerker gehalten und wollte ihn des Raumes verweisen. Als Paul Celan ein Jahr später bei der Gruppe 47 auftrat, fand er bei Heinrich Böll sofort Widerhall. Nach ihrer Begegnung auf der Tagung in Niendorf entspann sich ein Briefwechsel. Und es ist unmissverständlich, was Böll im Jahr 1954 in der *Kölner Rundschau* aus Anlass einer Lesung Celans in einer Kölner Schule schrieb: »Wir beten für die Gefallenen, für die Vermissten, für die Opfer des Krieges, aber unser abgestorbenes Gewissen bringt kein öffentliches, kein klares und eindeutig formuliertes Gebet für die ermordeten Juden zustande, und doch müsste, wer Augen hat zu sehen, wer Ohren hat zu hören, es überall sehen, es überall hören.« Und angesichts des Unterrichts in der Schule, in der Celan las, fügte Böll hinzu: »Unsere Kinder wissen nicht, was vor zehn Jahren geschehen ist. Sie lernen Namen von Städten kennen, mit deren Namen sich ein fader Heroismus verbindet: Leuthen, Waterloo, Austerlitz, aber von Auschwitz wissen unsere Kinder nichts. Und wir, die es wissen, reden und denken darüber hinweg.«[176]

Böll spricht also 1954 ganz dezidiert den Namen »Auschwitz« aus, der erst im Laufe der sechziger Jahre allmählich in die bundesdeutsche Öffentlichkeit sickert, und er wird einige Jahre später Vorsitzender der von ihm mitbegründeten »Bibliothek Germania Judaica«, einer wissenschaftlichen Spezialbibliothek Geschichte zur Geschichte des deutschsprachigen Judentums in Köln. Böll steht dem Dichter Paul Celan sehr empathisch gegenüber. Als Celan im September 1957 den »Literaturpreis des Kulturkreises im Bundesverband der deutschen Industrie« in Lübeck erhält, übernachtet er auf der Rückreise bei Böll in Köln, und es kommt zu vertraulichen Gesprächen auch über Friedrich Sieburg, der ebenfalls mit diesem Preis ausgezeichnet worden war. Sieburg, der einflussreichste Literaturkritiker dieser Zeit, hatte eine Vergangenheit im Nationalsozialismus, die Celan mittlerweile kannte. Der neue Präsident der »Deutschen Akademie für Sprache und Dichtung«, Hermann Kasack, der diese Institution öffnete und liberalisierte, hatte Celan ein Jahr zuvor eine Rede zugeschickt, die Sieburg als deutscher Botschaftsrat in Paris gehalten hatte und die 1941 auch publiziert worden war. In ihr heißt es, dass »ein Volk eines Tages zwischen der Menschheit und sich selber wählen« müsse – gemeint war eindeutig das deutsche –, und als wesentliche Feinde wurden unter anderem der angelsächsische Kapitalismus, das »Evangelium der Volksfront« sowie »die jüdischen, kommunistischen, freimaurerischen Kräfte« genannt.[177]

Nach der Rückkehr nach Paris schreibt Celan einen Brief an Böll, der einen anderen Ton hat als beispielsweise sein Brief an Jünger. Sein Brief ist auf den Adressaten eingestimmt, von dessen zutiefst moralischem Impetus er weiß: »heute morgen war ich zwar noch entschlossen, den Brief an Sieburg zu schreiben, aber jetzt, ein paar Stunden später, nach der Lektüre des Sieburgschen Vortrags, ists nun auch damit vorbei. Denn (u. a.): Wieviele Hände, die Mörderisches geschrieben (und ausgeführt) haben, habe ich nicht schon gedrückt? (Nebenbei: Sieburgs Vortrag ist nicht, wie ich Ihnen sagte, ›Streicher‹, sondern ›nur‹ Goebbels ...) Und habe ich z. B. nicht auch mit Weyrauch gesprochen, der ja, wie Sie mir sagten, noch im März 45 ein strammes Gedicht schrieb, habe ich nicht *so* zu ihm gesprochen, als sei er mein natürlicher Verbündeter? Habe ich mich nicht, als mir vor ein paar Monaten Martin Heidegger seine Rede auf Hebel schickte, gefreut? (...) Und dann (einiges, nein vieles überspringend): Kann es mir, bei all dem Unbeantworteten in mir selbst, überhaupt gelingen, einen Ort zu finden, wo die Dinge, klar umrissen, für sich selbst sprechen? Was werde ich also tun? Heute, Samstag, den 14. September, um sechs Uhr abend, lautet meine Antwort (und auch die meiner Frau) auf diese Frage: Nichts. Nichts, weil wir überall nur neue Irrwege, neue Missverständnisse erblicken.«[178]

Celan hält sich hier, einem Protagonisten des westdeutschen Literaturbetriebs gegenüber, nicht bedeckt. Er lässt kaum einen Zweifel daran zu, dass man vertraulich miteinander umgeht, dass man kein Blatt vor den Mund zu nehmen braucht, dass man miteinander verbündet ist. Dennoch taucht bereits hier ein wesentlicher Unterschied zwischen beiden auf. Während Böll in seiner Antwort sagt, dass sie »die Sache« keineswegs »auf sich beruhen lassen« könnten und dass er Sieburg direkt auf dessen Vergangenheit ansprechen möchte, überwiegt bei Celan anscheinend die Sinnlosigkeit solch eines Tuns. Er sieht »überall nur neue Irrwege, neue Missverständnisse« und keinen Anlass, dabei differenzieren zu wollen. Er fragt rhetorisch, wie viele Hände er denn schon gedrückt habe, »die Mörderisches geschrieben (und ausgeführt) haben«, sodass die Auseinandersetzung mit einem Einzelnen wie Sieburg da gar nicht genügen könne. Aspekte der Tagespolitik scheinen für Celan dabei nicht relevant zu sein. Die Frage, wie sich ein Schriftsteller in solchen Fällen positionieren sollte, beantworten Celan und Böll auf völlig verschiedene Weise.

Celan differenziert aber, ironisch-schmerzhaft, an einer anderen Stelle. Es ist die an Böll, den Preisträger der Gruppe 47, gezielt adressierte Anspielung auf Hans Werner Richter: nicht »Streicher«, sondern »Goebbels«.

Böll wusste, dass das nur auf Richters Bemerkung nach der Lesung Celans bei der Gruppe 47 gemünzt sein konnte. Celan lässt mit dieser Relativierung Sieburg und Richter als austauschbar erscheinen – die in ihrer zeitgenössischen Umgebung als extreme Gegenpole wahrgenommen wurden. Diese Tendenz wird sich in der weiteren Entwicklung noch verstärken. Sie entspricht Celans Überforderung, mit seiner Rolle als deutschsprachiger jüdischer Dichter im Literaturbetrieb der Bundesrepublik umzugehen.

Die üblichen Praktiken des Literaturbetriebs lehnte er ab – auch dann, wenn er als Bündnispartner und kritischer Beobachter angesprochen wurde. Dass Hermann Kasack ihn als hoher Literaturfunktionär gebeten hatte, die Rede Sieburgs zu beurteilen, die Anfrage aber als vertraulich zu behandeln, war ein Vertrauensbeweis und ein Signal dafür, Celan in diesen Fragen als wichtige Autorität heranzuziehen. Gerade aber in solchen Fällen, und das sollte sich im Fortgang der »Goll-Affäre« zeigen, als sich Freunde für ihn einzusetzen versuchten, reagierte Celan zunehmend mit Misstrauen.

So kommt es bald auch mit Böll zu einem ungeheuerlich anmutenden Missverständnis. Celan reagierte Ende der fünfziger Jahre zunehmend entsetzt, wenn er mit antisemitischen Aktionen in der Bundesrepublik konfrontiert wurde. So wurde bei einer Lesung in Bonn Ende 1958 eine entsprechende Karikatur im Publikum herumgereicht. Er schickte an Böll den Bericht eines Studenten »mit der Bitte, mir zu sagen, was Sie davon halten«.[179] Böll war seinerseits diversen Attacken ausgesetzt, nachdem er seinen *Brief an einen jungen Katholiken* bei Alfred Andersch im

Stuttgarter Rundfunk gesendet hatte, und ahnte deswegen nicht die ernste Gefahr, in der sich Celan psychisch befand. Er antwortete erst vier Monate später, am 3. April 1959, mit einer knappen Karte: »Lieber Paul, Sie werden – so hoffe ich – nicht böse oder ungeduldig sein, dass ich noch nicht antwortete. Ich bin tief begraben unter einer Lawine der Resignation, aus der ich langsam mich frei wühle. Bald wird der Roman fertig sein, wird auch eine Antwort auf Ihren Brief enthalten. Erhalten Sie mir ein freundschaftliches Gedenken, und wenn immer Sie Köln berühren, bitte melden Sie sich. Wir würden uns sehr freun, Sie wieder einmal hier zu sehen. Verzeihen Sie auch die Kürze und Kartenform, bald viel mehr.«[180]

Celan reagierte umgehend. Er vermisste bei Böll die Empathie und registrierte das Geschäftige, Eilige bei seinem Kollegen. Das empfand er als persönliche Kränkung. Bölls Hinweis auf seinen eigenen Roman konnte er nicht akzeptieren: »Ich hatte Sie um Rat gebeten, in einer Sache, die nicht nur mich, sondern, so denke ich vorsintflutlicherweise, auch Sie angeht, und Sie – Sie werden mir, so erfahre ich nach Monaten aus Ihrer soeben eingetroffenen Karte, diese Bitte um Rat ... in Ihrem nächsten Roman beantworten!«

Man kann nicht anders, als hier eine tragische Konstellation zu erkennen. Celan rückte Böll, tief getroffen, in die Nähe von Antisemiten. Er, Celan, sei »vorsintflutlicherweise« davon ausgegangen, dass ein »engagierter« Schriftsteller – die sarkastische Ironie bei der Verwendung des Wörtchens »engagiert« ist unverkennbar – seine Meinung teile, »der Nazismus gehe nicht nur die Juden an«. Dass Böll von diesem Brief verletzt sein musste, ist nachvollziehbar. Celan schloss: »Sie werden also einen Roman schreiben, und dieser Roman wird – es lebe die Literatur! – eine Antwort enthalten. Ich möchte Ihnen nun den Vorschlag machen, diesen Roman, wie schon Ihr *Irisches Tagebuch,* Herrn Karl Korn zu widmen: auf diese Weise machen Sie es einem auf Ihre Hilfe angewiesenen Christenmenschen möglich, sich, wenn er wieder spaltenlange Kolbenheyer-Aufsätze publiziert (zu denen er, wie er mir mitzuteilen die Liebenswürdigkeit hatte, durchaus ›steht‹), auf seine Freundschaft mit dem Schriftsteller Heinrich Böll zu berufen ... Ein bitterer Brief – Sie verdienen ihn. Paul Celan«[181]

Dieser Brief enthält eine schwierige persönliche psychische Dimension. Aber es kommt auch ein tiefer Gegensatz zu Böll zum Ausdruck, der über das Persönliche hinausgeht: Er steckt in Celans Verachtung »engagierten« Schriftstellern gegenüber. »Engagement« – dieses Wort hatte für Celan offenbar einen etwas anderen Zungenschlag als für Heinrich Böll. Hier zeigen sich Differenzen, die etwas mit ihrer unterschiedlichen Sozialisation zu tun haben. Celan fühlte sich zwar selbst als Linker, auch in seiner in jedem Wort genau bedachten Büchnerpreisrede blitzte das in der Nennung der Anarchisten auf. Und als er Gisela Dischner im Zug traf und sie ein schwarzes Kostüm anhatte, sagte er charmant: »Wie hübsch, Sie tragen die Farben der Anarchie.«[182] Doch sein Selbstgefühl als Linker, zum Beispiel auch sein begeistertes osteuropäisch rauschhaftes Singen russischer Revolutionslieder, unterschied sich grundlegend von dem Prozess, den eine sich

zögernd findende »Linke« in der Bundesrepublik durchlief. Celans kulturell definierte, abseits einer bürgerlichen
Demokratie entstandenen kommunistischen Neigungen
hatten ihren Ursprung in einer Jugend in der Diaspora –
utopische Ideale und hohe Dichtung gingen dabei inein-
ander über.

Eine interessante Überschneidung zwischen seinen politischen Vorstellungen und denen westdeutscher Linker
gibt es immerhin im Briefwechsel mit der jungen Wissenschaftlerin Gisela Dischner, die sich im Vorfeld der Achtundsechzigerbewegung zunehmend radikalisierte und
mit der er eine Affäre hatte. Am 8. Juni 1967 schrieb er
ihr scherzhaft-liebevoll nach Frankfurt am Main: »Die
Möwen überm Main sind fast so schön wie die DFU.«[183]
Die DFU (»Deutsche Friedens-Union«) war eine kleine
linke Partei, für die sich Gisela Dischner stark engagierte.
Und am 13. Mai 1968, auf dem Höhepunkt der Protestde-
monstrationen in Paris, an denen er sich beteiligte, fiel ihm
Folgendes auf, und er zitierte es ihr gegenüber voller Einverständnis: »In der Rue du Pot de Fer, einer Seitengasse
der Rue Tournefort, steht noch immer, groß und rot: La so-
ciété est une fleur carnivore Die Gesellschaft ist eine fleisch-
fressende Blume.«[184] Später wandte sich Celan aus verschiedenen Gründen von den Pariser Studenten ab, unter
anderem wegen kritischer Stimmen zu Israel.

In Bezug auf Böll ist auf jeden Fall klar, dass Celan mit
einer Diskussion über Demokratie, wie dieser sie führte,
wenig verband. Böll hatte voller Schmerz 1953 immer noch
CDU gewählt, laborierte an praktischen Überlegungen,
wie man sich zur Sozialdemokratie stellen sollte, und pran-

gerte mit großem persönlichen Einsatz das katholische und politische Establishment der Adenauer-Ära an. Dieses Engagement Bölls hatte für Celan in allererster Linie aber viele Berührungen mit dem, was er als die Haltung »der Zeitungsleser« ablehnte.

Kurze Zeit später thematisierte Ingeborg Bachmann, mit der er immer noch in engem Kontakt stand, ein Problem, das sie hatte. Es ging um eine Festschrift, die der Pfullinger Neske-Verlag zum siebzigsten Geburtstag Martin Heideggers herausgeben wollte. Heidegger hatte sich dafür ausdrücklich Beiträge von Bachmann und Celan gewünscht. Sie schrieb daraufhin an Celan: »Seine politische Verfehlung bleibt für mich indiskutabel, ich sehe auch, nach wie vor, die Einbruchstelle dafür in seinem Denken, in seinem Werk, und zugleich weiß ich auch, weil ich sein Werk wirklich kenne, um die Bedeutung und den Rang dieses Werks, dem ich nie anders als kritisch gegenüberstehen werde.« Bachmann ging wie selbstverständlich von einer Zusage Celans an der Festschrift aus, aber sie fügte hinzu, sie wolle sich »vor mir selber richtig verhalten und Dich fragen«.[185] Celan antwortete, dass Neske sich nicht an die Absprache gehalten hätte. Sein Name stehe auf der Liste der Beiträger, obwohl er vorher gern gewusst hätte, wer da mit ihm in einem Buch versammelt sein sollte – »ich werde also nichts schicken«.[186]

Bachmann begriff sich mittlerweile, nicht zuletzt durch ihre Beziehung zu Hans Werner Henze und zur Gruppe 47, explizit als eine Linke im bundesdeutschen Sinn. An ihrem literarischen Selbstverständnis änderte das aber nichts, im Gegenteil: Ihre tief empfundene Bindung zu Celan versuchte sie trotz aller privaten und intimen Wirrnisse aufrechtzuerhalten. Ihre gemeinsamen Vorstellungen von dem, was Literatur und Leben miteinander verbindet, hatten ein Bündnis gestiftet, an dem Bachmann immer festhielt. Umso harscher ist die Wendung, die Celans Brief an Bachmann über seine Absage an der Heidegger-Festschrift nimmt: »Ich bin, Du weißts, sicherlich der letzte, der über die Freiburger Rektoratsrede und einiges andere hinwegsehen kann; aber ich sage mir auch, zumal jetzt, da ich meine höchst konkreten Erfahrungen mit so patentierten Antinazis wie Böll oder Andersch gemacht habe, dass derjenige, der an seinen Verfehlungen würgt, der nicht so tut, als habe er nie gefehlt, der den Makel, der an ihm haftet, nicht kaschiert, besser ist als derjenige, der sich in seiner seinerzeitigen Unbescholtenheit (war es, so muss ich, und ich habe Grund dazu, fragen wirklich und in allen Teilen Unbescholtenheit?) auf das bequemste und einträglichste eingerichtet hat, so bequem, dass er sich jetzt und hier – freilich nur ›privat‹ und nicht in der Öffentlichkeit, denn das schadet ja bekanntlich dem Prestige – die eklatantesten Gemeinheiten leisten kann. Mit anderen Worten: ich kann mir sagen, dass Heidegger vielleicht einiges eingesehen hat, ich SEHE, wieviel Niedertracht in einem Andersch oder Böll steckt (...)«[187]

Hier ist eine aufschlussreiche Dynamik spürbar. Natürlich ist in dieser Darstellung Heideggers bei Celan eher der Wunsch der Vater des Gedankens. Dass Heidegger nach außen hin bis zum Schluss durchaus so tat, »als habe er nie gefehlt«, musste Celan später in komplizierter Weise durchleben. Es ist bezeichnend, dass er auf die »patentierten Antinazis« weitaus aggressiver reagiert – Heidegger, über dessen Widmung in einem Buchgeschenk er sich sogar Böll gegenüber »gefreut« hatte, löste nie eine solch direkte, vehemente Abwehr bei ihm aus.

Die unterschiedliche emotionale Besetzung Heideggers und Bölls bei Celan hat eindeutig etwas mit dem Literatur- bzw. »Dichtungs«-Begriff der beiden zu tun, abseits politischer Zuordnungen. In den Briefen, die eine vergleichsweise kurze Zeit lang Celan und Böll miteinander wechseln, lassen sich zwischen den Zeilen trotz aller vermeintlichen Nähe doch bald atmosphärische Differenzen erkennen. Ein Jahr vor jenem »bitteren Brief« an Böll hatte Celan darauf reagiert, dass Böll von dem gemeinsamen Bekannten Rolf Schroers gesagt hatte, dieser »überschätze die Literatur«. Celan ahnte, was Böll damit meinte: dass das gesellschaftspolitische Engagement des Einzelnen nämlich ebenso wichtig und die Literatur davon nicht zu trennen sei. Er entgegnete: »ich weiß, dass man Literatur nicht überschätzen darf. Aber ich werde, obwohl ich weiß, wie wenig all das bedeutet, die Vorstellung nicht los, dass Geschriebenes mich stärker bindet als z.B. die Tatsache, dass ich an *einem* Tisch mit S. sitzen konnte«[188] (gemeint ist Friedrich Sieburg). Es sind vorsichtige Formulierungen, aber in ihnen verbirgt sich, für Böll wohl durchaus erkennbar, die Überzeugung, dass Celan im Zweifelsfall eher an der Seite von Rolf Schroers stehen würde.

Auf Schroers, mit dem er trotz einiger Verlags- und Betriebskontakte erkennbar Differenzen hatte, kam Böll noch einmal zu sprechen. Schroers hatte anlässlich einer Tagung in Frankreich von dem »mediokren Antisemitismus« einer Teilnehmerin gesprochen, und Böll wandte sich dagegen: »mediokren Antisemitismus« gebe es nicht, »Mörder« seien »›medioker‹ – fast alle«. Und dann fügte Böll in Klammern hinzu: »Sehen Sie, lieber Celan, das ist es, was ich im verächtlichen Sinne ›Literatur‹ nenne, ein Wort wie mediokrer Antisemitismus, an dieser Art Literatur leidet unser guter Schroers, den ich von Herzen mag. Er überschätzt die gescheite oder gescheit klingende Vokabel (...)«[189]

Böll konnte nicht wissen, dass parallel dazu Celan einen Briefwechsel mit Schroers führte, der sehr viel umfangreicher als derjenige mit ihm selbst war und in dem es von »gescheit oder gescheit klingenden Vokabeln« von Schroers' Seite nur so wimmelte. Schroers stand Celan gerade wegen dieses hochgespannten Umgangs mit Literatur in einer Weise nahe, die Böll, obwohl er von der Freundschaft Celans mit Schroers wusste, nicht zu vermitteln war. Als Celan ihm jetzt offensiv, weil er sich von Böll wegen der antisemitischen Vorgänge bei seiner Lesung im Stich gelassen fühlte, die Haltung eines »engagierten Schriftstellers« vorwarf, war das Band zerrissen. Böll schrieb darauf, aus seiner Perspektive, Klartext: »Ich kann Ihren Brief für nichts anderes halten als eine Frechheit, angesichts der Tatsache, dass Sie sich selbst zu betulichem Literaturgespräch mit Mohler bekennen, Freundschaft pflegen mit Leuten, über deren Vergangenheit Sie n i c h t s wissen – Fachgespräch unter Nicht-Engagierten, nehm ich an.«[190]

Böll wusste von Celans Umgang mit Armin Mohler, dem Freund und Sekretär Ernst Jüngers und einem erklärten »Rechten«. Und Schroers war ihm – das lassen auch die vorsichtigen Andeutungen Celan gegenüber erahnen – ebenfalls suspekt. Denn man merkte Schroers, trotz aller literarischer Emphase, seine biografischen Hintergründe durchaus an. Die Freundschaft Celans mit Rolf Schroers – das ist das Kapitel, das in Celans Biografie im Nachhinein am unheimlichsten anmutet.

Celan hatte Schroers bei der Gruppe 47 in Niendorf kennengelernt, und er ahnte wohl nicht, wie umstritten dieser Schriftsteller bei seinen Kollegen in dieser Gruppe war. 1959 gab das Gruppenmitglied Walter Mannzen, seines Zeichen Amtsgerichtsrat, im Rahmen eines von Hans Werner Richter angestrengten Prozesses eine »eidesstattliche Erklärung« ab: »Auf der Tagung der Gruppe 47, an der Herr Schroers zum ersten Mal teilnahm, wurde von irgendeiner Seite daran mit der Begründung Anstoß genommen, Herr Schroers sei offenbar ein alter Nazi, von dem erzählt werde, er habe als Angehöriger der ›Abwehr‹ einen italienischen Partisanen bei der Vernehmung über den Schreibtisch mit der Pistole erschossen. Das führte dazu, dass ein engerer Kreis der Gruppe 47 in einem der Einzelschlafzimmer den Fall näher besprach. Hieran nahmen u. a. die Herren Richter, Brenner und Kolbenhoff teil. Herr Kolbenhoff war energisch gegen eine weitere Teilnahme von Herrn Schroers an den Tagungen. Nach längerem Hin und Her erklärte ich – ziemlich wörtlich –: ›Stoßt ihn nicht zurück, sonst wird er wieder Nazi und wir sind schuld daran.‹ Diese Worte wurden von den Anwesenden offenbar als abschließend empfunden. Man ging auseinander und Herr Schroers wurde weiter zu Tagungen eingeladen.«[191]

Sicher ist auf jeden Fall, dass Schroers, als Sohn eines SS-Brigadeführers, zuletzt Oberleutnant der Wehrmacht und Leiter eines Trupps der »Frontaufklärung« in Italien gewesen war, also ein hervorgehobener Vertreter der sogenannten »Abwehr«. Jeder wusste, was das bedeutete. Wenn man in einer solchen Stellung im militärischen Geheimdienst eingesetzt wurde, unterschied man sich grundsätzlich von einem gewöhnlichen Wehrmachtsangehörigen. »Frontaufklärung« hieß, dass Schroers speziell in der Bekämpfung von Partisanen tätig war. Und das hatte zur Voraussetzung, dass er seine »politische Zuverlässigkeit« bereits ausdrücklich unter Beweis gestellt hatte. Er war keineswegs durch Zufall in eine solche Führungsposition geraten.

Es ist wohl ebenfalls kein Zufall, dass besonders das Gruppenmitglied Walter Kolbenhoff, der eine aufrechte antifaschistische Biografie aufzuweisen hatte, Schroers gegenüber besonders argwöhnisch auftrat. Er zeigte sich fest davon überzeugt, dass Schroers »ein ganz übler Nazi« war: »Ich kann diese Typen 10 Meilen gegen den Wind riechen.«[192] Zudem wusste man, »dass Schroers, bevor er Lektor bei Kiepenheuer und Witsch wurde, *hauptamtlich* für das Landesverfassungsschutzamt Nordrhein-Westfalen in Düsseldorf tätig war«.[193]

Schroers ist ein typisches Beispiel dafür, wie nach dem Ende des Naziregimes bestimmte »Experten« weiterbeschäftigt wurden, die schon während des Hitler-Regimes staatstragende Dienste geleistet hatten. Über seine genauere Tätigkeit beim Nachrichtendienst Nordrhein-Westfalen, der sich den Zentralisierungsversuchen des bundesdeutschen Geheimdienstes widersetzte, ist naturgemäß nichts bekannt. Aber es passt atmosphärisch durchaus, dass er sich politisch in der FDP engagierte – in dieser Partei fanden neben den Altliberalen vor 1933 prozentual auch auffällig viele ehemalige NSDAP-Mitglieder Unterschlupf, sie bot sich als ein solches Auffangbecken an und war keineswegs »liberal« in einem heutigen Sinne.

An Schroers' Habitus, das berichten einige Zeitzeugen, waren seine früheren militärischen Tätigkeiten noch erkennbar, und sie fielen bei den Tagungen der Gruppe 47 auf. Es gibt widersprüchliche Berichte darüber, wie er einmal in angetrunkenem Zustand von der italienischen Front erzählt habe. Er soll sich der Erschießungen von Geiseln gerühmt haben, von Partisanen. Schroers erklärte das später durch ein Missverständnis: Es habe von einem literarischen Thema erzählt, das er gerade bearbeite.[194] Es ist auf jeden Fall durch viele Quellen belegt, dass Hans Werner Richter ihn früh als einen Gegner erkannte, der andere Interessen verfolgte als er selbst. Schroers engagierte sich mit Richter im Arbeitsausschuss *Kampf dem Atomtod*, war Redakteur von dessen Zeitschrift *Atomzeitalter* sowie im *Club republikanischer Publizisten*. Zum offenen Zwist kam es nach einem Streit im Rahmen der Anti-Atom-Bewegung. Bei einem Kongress in Japan trat Schroers als Stellvertreter Richters auf und überschritt nach dessen Ansicht seine Kompetenzen. Richter agitierte in der Folge erfolgreich gegen Schroers, der danach Chefredakteur der FDP-Zeitschrift *Liberal* wurde und anschließend, von 1968 bis kurz vor seinem Tod 1981, als Direktor der Theodor-Heuss-Akademie der FDP fungierte. Zu Tagun-

gen der Gruppe 47 war er seit 1956 nicht mehr eingeladen
worden.

Celan besuchte Schroers kurz nach der Niendorfer Tagung der Gruppe 47 in Bergen bei Frankfurt. Er schrieb
darüber an seine Frau: »Er bewohnt ein kleines Bauern-
haus, es ist zugleich nett und unerquicklich, sehr deutsch,
deutsch in einem Sinne, der einen zuerst abstößt und einen
dann zum Nachdenken veranlasst. Obgleich Schroers sehr
liebenswürdig, sehr zuvorkommend gewesen ist – er hatte
mich schon in Hamburg eingeladen, bei ihm zu wohnen –,
habe ich es doch abgelehnt, bei ihm zu bleiben, unter dem
Vorwand, dass es zu weit sei, in Wirklichkeit aber, weil ich
hier allzuviele Spuren einer Vergangenheit voller schreck-
licher Dinge bemerkt hatte.«[195]

In diesen Worten ist noch nicht zu ahnen, dass sich von
diesem Zeitpunkt an ein intensiver Briefwechsel zwischen
beiden entwickeln würde. Was Celan Vertrauen fassen ließ,
wird schnell deutlich: Schroers brachte ihm eine unver-
hohlene, große Bewunderung entgegen, mit Worten, die
an Celans jüngeren Freund Klaus Demus erinnern und die
mit dem vergleichsweise nüchternen Duktus in den Briefen an und von Heinrich Böll schwer zusammen zu denken
sind.

Schroers' Sätze wirken gelegentlich wie satirisch zu-
gespitzte Versionen jenes hohlen Pathos, mit dem in den
fünfziger Jahren ein unzerstörbarer deutscher Geist gegen
die Niederungen der Zeitgeschichte hochgehalten wird. Er
sieht in Celan paradoxerweise etwas Ähnliches wie der harte
Kern um Hans Werner Richter in der Gruppe 47, es handelt
sich um das gleiche Missverständnis – aber Schroers wen-

det es ins Positive. Celan scheint genau den hohen Ton zu haben, der auch Schroers vorschwebt und den er für sich beansprucht. Er ist im bundesdeutschen Literaturbetrieb ziemlich gut vernetzt und vollzieht die Sprachregelungen der postnationalsozialistischen Zeit mit. Vor diesem Hintergrund schreibt er an Celan über dessen Gedichte: »Die unbeschreibliche Erregung, mit der ich die neuen Gedichte las (...), rührt aus der religiösen Erfahrung, die beide Gedichte fassbar machen. Man stürzt durch den Grund seiner oberflächlichen Wahrnehmungen ab in die Zonen des Instinktes, der im eigenen Hirn niemals resultiert, bei Ihnen aber, und damit bei mir, Gestalt gewinnt. Welch ungeheuere Energie muss zu solcher Leistung gehören!«[196]

Das erinnert daran, wie Marie Luise Kaschnitz 1952 in ihrem Tagebuch den rechtskonservativen Großkritiker Hans Egon Holthusen charakterisiert, der bereits 1933 in die SS eingetreten war und sich danach als SS-Obersturmführer im Reichssicherheitshauptamt der Bekämpfung weltanschaulicher »Feinde« in Kunst und Kultur gewidmet hatte: »Holthusen hat bestimmt den gefährlichsten Charakter und muss darum so christlich sein.«[197]

Schroers fühlt sich über die Zeit des Nationalsozialismus erhaben, er sieht sich auf der Seite des deutschen Geistes, der jenseits dieser Niedrigkeiten steht. Im Februar 1955 berichet er Celan, dass er einen »großen Menschen näher kennengelernt« habe: »Der deutsche Staatsrechtler Carl Schmitt, ein heftig umstrittener Mann, ist wohl der bemerkenswerteste dieser neuen Menschen. Ein Kopf, der mit der Handgreiflichkeit eines bäuerischen Menschen denkt, dessen Problemstellung aber in Ansatz und Folge ungewöhnlich kühn und fruchtbar ist, wobei aber hinzu kommt, dass er immense Erfahrung aus unmittelbarer Nähe mit der Macht gewonnen hat. Er hatte also Einblick und als reflektierender Mensch Einsichten. Ist das nicht alles viel und wunderbar?«[198]

Schmitts »unmittelbare Nähe« zur Macht: Das scheint für Schroers eine ungemein identifikatorische Wirkung gehabt zu haben. Man weiß, was gespielt wird, aber gibt sich den Gestus, grundsätzlich über den Dingen zu stehen. Dass Schroers diese Huldigung Schmitts in einem Brief an den Juden Paul Celan intonierte, ist ziemlich bemerkenswert. Schmitts Vergangenheit war weitaus deutlich konturierter als die des nunmehr subjektiv schöngeistig-schwebenden deutschen Dichters Schroers. Es war allgemein bekannt, dass Carl Schmitt als hervorgehobener Jurist des »Dritten Reiches« nach 1933 antisemitische Kampfschriften veröffentlichte und die Nürnberger Rassengesetze von 1935 explizit unterstützte. Im Oktober 1936 leitete er eine Tagung zum Thema »Das Judentum in der Rechtswissenschaft« und dekretierte: »Das Judentum ist, wie der Führer in seinem Buch ›Mein Kampf‹ sagt, nicht nur allem feind, was dem Juden feind ist, sondern der Todfeind jeder echten Produktivität bei jedem anderen Volk. Seine Weltmacht duldet keine völkische Produktivität, sonst wäre seine eigene Art von Existenz widerlegt.«[199]

Dass Schroers glaubte, sich mit ungeschützten Bekenntnissen wie dem seiner Schmitt-Verehrung Celan gegenüber öffnen zu können, wirkt verblüffend. Es muss an gemeinsamen Schwingungen liegen, die Schroers bei sich und Celan vermutete, bei dem, wovon er dachte, dass es das

Wesentliche sei. Der ehemalige Mann von der »Abwehr« schrieb in einem Brief an Celan, dass das »Wort« in dessen Gedichten »fast ganz hinübergenommen« sei in eine »traumhafte Gegenwärtigkeit innerer Welt. Es sammelt Kräfte, die sich sonst im Alltag an der unsäglich vergeblichen Mühe dinglicher Ordnungen verbrauchen.«[200] Diese Lobpreisungen haben etwas durchaus Schwülstiges, aber Celan scheint darin etwas gefunden haben, was er suchte. Schroers ist heute als Dichter vergessen, seine Romane wie *Die Feuerschwelle* oder *Der Trödler mit den Drahtfiguren* sind äußerst zeitverhaftet und atmen die stickige Luft der frühen fünfziger Jahre. Sie thematisieren Schuldgefühle und überhöhen sie ins Existenzielle, und hier lagen die Ansatzpunkte dafür, dass Schroers in unterschiedlichen Anläufen eine hochfliegende poetische Gemeinsamkeit mit Celan suchte. Und selbst als er, ohne dies im Entferntesten in seinen Dimensionen zu reflektieren, sich mit Celan und dessen Erfahrungen auf eine Stufe stellte, wurde das von Celan nicht problematisiert: »Als Menschen, Paul, kommen doch immer nur wenige in Betracht, die, Jude oder nicht, von der Meute gehöhnt werden.«[201]

Der Mensch gegen die Meute: Das ist jener elitäre Gestus, mit dem der von Schroers auch des Öfteren beschworene Ernst Jünger das Reich des aristokratischen Geistes gegen die kleinbürgerlichen Nazis errichtet hatte und deswegen nach 1945 auf große Resonanz stieß. Mit Celan entwickelte sich eine engere Beziehung. Die beiden Dichter begannen sich zu duzen, Celan lud Schroers nach Paris ein und war bei ihm auf Lesereisen gelegentlich zu Gast, obwohl er das nach dem ersten Besuch aus ebendiesen deutsch-atmosphärischen Gründen noch abgelehnt hatte. Schroers trug den Hauptteil des Briefwechsels, er schrieb mehrfach lange Briefe hintereinander, während Celan meist knapp antwortete. Aber er schien sehr empfänglich für die Verehrung zu sein, die ihm Schroers als Dichter entgegenbrachte, sie ließ ihn offensichtlich die Zwischentöne überhören.

Celan setzte sich sogar dafür ein, dass Schroers in Frankreich übersetzt wurde, und er mag registriert haben, dass es für die damalige Zeit ungewöhnlich war, was Schroers in seinem Roman *Jakob und die Sehnsucht* verhandelte: Er beschreibt einen Deutschen, der Schuldgefühle entwickelt, weil er einen Juden erschoss. Es ist aber nicht zu übersehen, wie sehr Schroers gleichzeitig mit allen Fasern an seinem deutschen Selbstgefühl laborierte, verquält und selbstherrlich zugleich. Und dass Celan seine Gedichte auch als Jude schrieb, interessierte Schroers nicht.

Dann allerdings schickte Schroers Celan einen Versuch über das Thema »Juden«. Hier schien er zum ersten Mal eine Grenze überschritten zu haben. Celan reagierte längere Zeit gar nicht. Dann schrieb er eine Passage aus Schroers' Brief ab und schickte sie entsetzt zurück. Schroers hatte von einer »duldsamen Weise der Abwehr des Jüdischen« gesprochen, die »vielleicht kein Antisemitismus mehr« sei, und evozierte die »erbarmungswürdige Tatsächlichkeit eines schwieligen, polnischen Dorfschmiedes«.[202] Die verschwurbelte Mixtur aus Schuldgefühl und Selbstrechtfertigung ist typisch für Schroers. Celan fühlte sich von ihm zum ersten Mal direkt als Jude angesprochen und nicht mehr als Dichter. Dass ein ehemaliger Oberstleutnant der »Abwehr« von einer neuen »Abwehr des Jü-dischen« sprach, konnte er nicht übergehen. 1961 setzte Schroers nach und schickte Celan sein Buch *Der Partisan. Ein Beitrag zur politischen Anthropologie.* Celan beendete darauf kommentarlos die Beziehung. Als seine einzige Re-aktion ist erhalten, dass er in seinem Exemplar Wörter wie »artfremd«, »Mischpoke« oder »volksunmittelbar« markierte.[203]

Der Briefwechsel mit Rolf Schroers ist ein herausragen-des Beispiel dafür, in welche Aporien Celan geriet, als er nach 1945 im deutschsprachigen Raum nach Widerhall für seine Gedichte suchte. Jenseits der an ihren Verdrän-gungsmechanismen laborierenden Mitläufer, Glaubens- oder Naturlyriker, jenseits der tagespolitisch und oft jour-nalistisch agierenden kritischen Schriftsteller, denen sein Dichtungsverständnis eher fremd war, stieß er auf Vertre-ter eines als überlegen stilisierten deutschen »Geistes«. Sie schienen ihm die Ansprechpartner zu sein, die ihm am nächsten standen. Ihre Verbindungen zum National-sozialismus klammerte er zwangsläufig aus. Es erscheint symptomatisch, dass die Herausgeberin des Briefwechsels zwischen Celan und Schroers nicht näher auf derlei poli-tische Implikationen eingeht – außer in Sätzen wie, dass es für Schroers keine »Denkverbote« gegeben und dass er das Celan gegenüber auch in Bezug auf Carl Schmitt eingefordert habe: »(Schroers) *will* darauf vertrauen, dass die Freundschaft stark genug ist, derartige Auseinander-setzungen zu tragen.«[204]

Barbara Wiedemann konnte durch ihren privilegierten Zugang zum Celan-Nachlass in ihren Editionen viele Hinweise geben und auf viele untergründige Verbindungen aufmerksam machen. Sie legt auf detaillierte philologische Arbeit Wert. Umso überraschender wirkt es, wie sie den Celan-Schroers-Briefwechsel kommentiert. Sie zeigt sich deutlich von Schroers' literarischem und politischem Profil affiziert, stellt seinen dichterischen Rang heraus und formuliert die These, dass die Freundschaften Celans mit Schroers und mit Ingeborg Bachmann als »exemplarische Konstellation« in ihrer Bedeutung »vergleichbar« seien.[205]

Der Grund für das Ende der Beziehung zwischen Celan und Schroers sind für die Herausgeberin nicht die prekären Texte, die Schroers zuletzt an Celan geschickt hat. Ohne nähere Belege behauptet sie, Celan habe den Kontakt mit Schroers vor allem wegen Intrigen des linken Multifunktionärs und Gruppe-47-Chefs Hans Werner Richter abgebrochen. Dieses fragwürdige Erkenntnisinteresse der Herausgeberin wird durch die Vermutung gestärkt, Paul Schallück und Heinrich Böll hätten Richters Vorwürfe gegen Schroers »möglicherweise an Celan weitergegeben« und deshalb habe sich Celan von Schroers abgewandt.[206] So wird ein Nebenschauplatz unvermutet zur Hauptbühne. Richter und Schroers waren tatsächlich zeitweise in denselben oppositionellen Organisationen aktiv, doch ihre Ziele unterschieden sich dabei grundsätzlich. Die FDP, in der Schroers eine Funktionärskarriere machte, trat ja keineswegs als grundsätzlicher Gegner der Politik Adenauers in Erscheinung.

Mehrfach suchte Richter nach Belegen für Schroers' Tätigkeit in der Wehrmacht und glaubte, ihm eine konkrete Erschießung von Partisanen nachweisen zu können. Beweise allerdings fand er keine, und dies ist der Grund für die Herausgeberin, Richters »Verleumdungen« in den Mittelpunkt zu stellen. Sie geht dabei so weit, die infamen Plagiatsvorwürfe von Claire Goll gegen Paul Celan und die Attacken Richters gegen Schroers gleichzusetzen: Es sei »eine Kampagne vergleichbaren Ausmaßes« gewesen.[207] Der *Briefwechsel mit den rheinischen Freunden* Celans erschien im Jahr 2011, und die Art, wie Schroers und Richter hier dargestellt werden, entsprach dem damals üblichen Diskurs und deckt sich auch mit den Bestrebungen eines Bandes mit Studien zur Gruppe 47, der 1999 unter ironischer Wiederaufnahme des Titels *Bestandsaufnahme* herausgekommen war – so hatte 1962 ein Sammelband von Hans Werner Richter zur geistig-politischen Lage der Bundesrepublik geheißen. In einem Aufsatz von Helmut Peitsch geht es dabei direkt um Schroers.

Seit den achtziger Jahren hatte sich das Bild der Gruppe 47 in der Öffentlichkeit grundsätzlich gewandelt. Man stieß sich an ihrer Macht im kulturellen Milieu, an ihrer längst überholten politischen Ausrichtung, und insbesondere Günter Grass wurde primär als moralisierender Leitartikler wahrgenommen, als ein überkommener Oberlehrer (wozu es ja zweifellos Anlass gab). Außerdem war die Gruppe 47 im Laufe der sechziger Jahre zu einer hegemonialen Instanz im Literaturbetrieb geworden, mit den entsprechenden Erscheinungsformen von Klüngel und informellen Netzwerken, die zwangsläufig auf heftige Kritik stießen. Für die nachfolgenden literarischen Generationen war die Gruppe 47 etwas, wovon es sich abzusetzen galt, und wenn Martin Mosebach süffisant von ihrer Ästhetik eines »sozialdemokratischen Realismus«[208] sprach, war das zwar keine zutreffende Charakterisierung, entsprach aber vollkommen dem aktuellen Zeitgefühl. Der »Fall Schroers«, also die Agitation Hans Werner Richters gegen seinen zeitweiligen Bündnispartner, stellt sich für Helmut Peitsch in diesem Licht dar. Die Gruppe 47 ist für ihn von vornherein ein Machtapparat der alten Bundesrepublik, die realen Verhältnisse in den fünfziger Jahren klammert er dabei aus. In seiner Studie geht es ihm darum, den Begriff des »Antifaschismus« in der Gruppe 47 als bequem und taktisch zu decouvrieren, die Landsersprache ihrer Autoren als zentralen Punkt herauszustellen und vor allem Hans Werner Richter als intriganten und machtorientierten Drahtzieher zu charakterisieren.

Es fällt dabei auf, dass der politische Hintergrund von Rolf Schroers nicht einmal im Ansatz problematisiert wird. Er erscheint als ein redlicher Mann und einzig und allein als Opfer trüber Manöver Richters. Dabei gäbe es durchaus Anlass, den Charakter der Meinungsverschiedenheiten zwischen Richter und Schroers ernst zu nehmen. »Antifaschismus« war in den fünfziger Jahren noch längst keine Selbstverständlichkeit, sondern erforderte persönlichen Einsatz und Mut. Am 18. April 1958 sprach Richter, der sich bereits gegen die Einführung der Bundeswehr ausgesprochen hatte, in München als einer der Hauptredner auf einer Kundgebung gegen die atomare Aufrüstung. Am nächsten Morgen sah er sich einer unangemeldeten Hausdurchsuchung durch die Kriminalpolizei gegenüber. Es wurden »sämtliche Habseligkeiten« und auch Privatpost durchsucht, gleichzeitig beschlagnahmte man im Büro des Komitees und an anderen einschlägigen Orten verdächtiges Material wie Listen und Zahlungsunterlagen. Rechtlich war das keineswegs gedeckt.[209]

Genauso exponiert war man, wenn man in der Zeit vor dem Auschwitz-Prozess 1963–1965 auf antisemitische Tendenzen aufmerksam machte. Es war noch längst kein öffentlicher Konsens, sich dagegen zu wenden, dazu gehörte, im Gegensatz zu den Achtziger- und Neunzigerjahren, eine Menge widerständiger Energie.[210] Diesen Zeithintergrund lässt Peitsch außer Acht. Nur deshalb kann er einen Aufsatz von Schroers aus dem Jahr 1965 »eine der scharfsinnigsten Kritiken der Gruppe 47 als Organisation« nennen.[211] Schroers hatte in einem Aufsatz für den *Merkur* den »Antifaschismus *post festum*« der Gruppe 47 angegriffen, der sich in der impliziten Annahme gezeigt habe: »Wer zur Gruppe gehörte, war dadurch ›entnazifiziert.‹«[212] Warum Schroers hier so Partei war, hätte einiger zusätzlicher Erklärungen bedurft. Entnazifizierung war für ihn sicher ein sensibles Thema. Und die Art und Weise, in der er eine literarische Gemeinsamkeit mit jemandem wie Paul Celan beanspruchte, wirkt in Passagen, in denen er verdeckt von sich selbst und von seiner Vergangenheit spricht, ziemlich hinterhältig. Die »neuen« Autoren, so schreibt er, »vegetierten in der damals ganz unrepräsentativen Gruppe 47, die nach dem Schweiß der Armut roch, die burschikos, grobschlächtig, gemütlich bösmäulig war und eine Verachtung für ›Bildung‹ – *qua* luxuriöse Geistigkeit – betonte. Wer es im Krieg zu mehr als zum berühmten Obergefreiten gebracht hatte, war eigentlich schon suspekt und reinigungsbedürftig.« Und kurz danach holt er, stilistisch nicht ganz sauber, in einer Aufzählung wieder aus: »dieser Zustand ungehobelter Kameraderie, der Hemdsärmeligkeit, der geschlossenen Duzbrüderschaft, dieses tatsächlich etwas ›Obergefreiten-hafte-nach-Entfernung-der-Vorgesetzten‹ (das sich gut im Hass auf Ernst Jünger erkannte) (...)«[213]

Die Paradigmenwechsel in der Literaturwissenschaft sind auch für die Rezeption Paul Celans relevant. Er wird mittlerweile automatisch als Sündenfall der Gruppe 47 gehandelt, während die verheerenden Kritiken von Günter Blöcker oder Hans Egon Holthusen darüber in Vergessenheit geraten sind. Celan bietet zudem einige Anhaltspunkte dafür, ihn gegen ästhetisch anspruchsloses tagespolitisches Engagement ausspielen zu können. Zeitgenossen wie Rolf Schroers, Ernst Jünger oder Martin Heidegger waren für ihn anders konnotiert als für die sich langsam konturierende Opposition in der frühen Bundesrepublik, die Belege dafür sind unabweisbar. Celan war einem bestimmten »deutschen Geist« gegenüber weitaus weniger empfindlich als seine ihm politisch eigentlich entsprechenden bundesdeutschen Generationskollegen. Dadurch entstand zwischen ihm und seinen potenziellen Bündnispartnern im Literaturbetrieb eine atmosphärische Kluft, die nicht zu überbrücken war.

Das zeigte sich letztlich sogar an Celans Freundschaft mit Günter Grass. Die beiden hatten zwischen 1956 und 1959, in den Jahren, als Grass in Paris lebte, engen Kontakt und sahen sich ziemlich oft. Celan war zwar sieben Jahre älter, aber es entwickelte sich eine Beziehung, die wohl stark auf osteuropäische Affinitäten und ziemlich viel Calvados gegründet war. »Er hatte anfangs eine Art, die auf einige Autoren vielleicht einschüchternd wirkte«, erinnerte sich Grass später: »Wir hatten, so fremd wir einander sein mussten, so verschieden wir waren, ein Faible füreinander. Und ich verdanke Paul Celan sehr viel an literarischen Hinweisen.«[214]

1959 war das Erscheinungsjahr von Celans Gedichtband *Sprachgitter*. Grass las ihn sofort und schrieb in einem Brief: »Ohne dass es am Ende dieses Satzes eines gewichtigen Ausrufezeichens bedarf, glaube ich in dem Gedicht ›Engführung‹ ein großes Gedicht unserer Zeit, womöglich Dein großes Gedicht erkannt zu haben. Man muss lange rückwärts schreiten, bis zu den Elegien des späten Rilke oder gar bis ›Offenbarung und Untergang‹, wenn man sich ähnlichem Atem aussetzen will.«[215] Trakl, Rilke: Da konnte sich Celan durchaus verstanden fühlen. Als Grass ihm am 8. September 1959 seine *Blechtrommel* widmete, reagierte Celan bereits einen Tag später: »zwei Zeilen, um auf diese Weise meinen Hut vor Oskar und seiner, also auch Deiner Blechtrommel zu lüften. Standort des Hutlüftenden: Seite 230.« Und am Schluss des Briefes ehrte Celan Grass sogar mit einem verborgenen Zitat aus dessen Theaterstück *Onkel, Onkel*, in dem die Hauptfigur öfter den Beisatz »sagte mein Onkel Max« gebraucht: »Klartext: Es gibt, sagt mein Onkel, nicht viele Trommeln wie diese.«[216] Ende 1959 verweigerte der Bremer Senat Grass den ihm von der Jury zugesprochenen Bremer Literaturpreis, den Celan im Jahr zuvor erhalten hatte – aus den moralischen und politischen Gründen, die die Adenauer-Zeit charakterisierten. Celan solidarisierte sich sofort mit seinem jüngeren Kollegen, sprach seine »Anerkennung für das Buch von Günter Grass« aus und zeigte sich in einem Zeitungsgespräch »fassunglos«.[217]

Ziemlich interessant erscheint eine bestimmte thematische Überkreuzung: Grass entwarf die ersten Strecken seines großen Romans *Hundejahre,* der 1963 erschien, in Paris, und er setzte sich in einem Erzählstrang auch mit Heidegger auseinander. Das Weiterwirken der Naziideologie kommt hier in einer komischen Vogelscheuchen-Metaphorik zum Vorschein. Nach dem Krieg landet die Hauptfigur in einem Bergwerk, in dem unterirdisch Vogelscheuchen hergestellt werden, und sie beginnt dort, im Stil Heideggers zu philosophieren. Dieser satirische Zugriff enthüllt die Verdrängungsmechanismen im Wirtschaftswunderdeutschland: »Der Satz vom Gescheuch. ›Denn das Wesen der Scheuchen ist die transzendental entspringende dreifache Streuung des Gescheuchs im Weltentwurf.‹ Hundert angeglichene Philosophen wandeln auf liegendem Salz, grüßen einander wesentlich: ›Das Gescheuch existiert umwillen seiner.‹«[218]

Grass berichtete später in seinen Frankfurter Vorlesungen, wie sehr Celans Begleitung sich auf Teile der *Hundejahre* ausgewirkt hätte, »etwa zu Beginn des Schlussmärchens vor Ende des zweiten Teils, sobald sich neben der Flakbatterie Kaiserhafen ein Knochenberg türmt, den das bei Danzig gelegene Konzentrationslager Stutthof speist«. Celan habe Grass auch schon bei der *Blechtrommel* Mut gemacht, »fiktive Gestalten wie Fajngold, Sigismund Markus und Eddi Amsel, keine edlen, sondern gewöhnliche und exzentrische Juden, in meine kleinbürgerliche Romanwelt zu fügen«.[219] Über die Heidegger-Passagen sagte Celan wohl nichts, zumindest kam Grass nicht darauf zu sprechen.

Lange Zeit schien also nichts darauf hinzuweisen, was Celan dann am 31. Januar 1960 an Rudolf Hirsch vom Verlag S. Fischer schrieb: »vorgestern, eine halbe Stunde nach der Rede de Gaulles, der Besuch von Grass ... Die alten, kleinen und großen Verlogenheiten, vermehrt um die mittlerweile noch höher ins Kraut geschossene Selbstgefälligkeit ... So dass ich, neben manchem anderen, auch die Frage nach der Haltung bei Ihnen (als Sie ihm das ›Gespräch‹ zeigten) stellen musste; er kam dann mit weiteren kaltblütig geäußerten Lügen und Gemeinheiten. Ich musste ihm die Freundschaft aufkündigen, ihm und seiner Frau die Tür weisen.«[220] Grass hatte in der ihm eigenen forschen Art (»ich war damals viel frecher als heute«, erklärte er im Gespräch 1996) anscheinend eine Bemerkung über Celans Prosastück *Gespräch im Gebirg* gemacht.

Später unternahm Celan einige Anläufe, wieder an die Freundschaft mit Grass anzuknüpfen. Es existieren ein paar Briefentwürfe – er hat aber keinen mehr an Grass abgeschickt. Nach einigen Bemerkungen über den Literaturbetrieb notierte er im März 1962: »Die Dichtung, auch die Deine, Günter, hat mit diesem Gegen und diesem Für – beide leben ja voneinander – nichts zu tun. Sie ist anderswo, kommt von anderswo, und dieses Anderswo ist eben, auf das mitmenschlichste, ein Hier und Jetzt – für ein paar Augen, ein paar Hände, ein paar Herzen, d. h. für alle, die das sind. (Ich erzähle Dir nichts Neues, ich weiß.)

Was also sonst noch sagen? – Das Papier ist grau, und ... das Wort ›herzgrau‹ ist ein Wort Deines aus Czernowitz stammenden Pariser Freundes Paul.«[221]

Celan wusste, nicht nur im Angesicht der Kampagne von Claire Goll, nicht mehr, wer Freund und wer Feind war – trotz des Büchnerpreises, trotz vieler Unterstützer. Er reagierte zunehmend argwöhnisch. Hilflos und verletzt warf er Rezensionen wie die von Günter Blöcker, die ihm im Grunde seine deutsche Sprache absprechen wollten, mit beiläufig-nachlässigen Freundesreaktionen wie von Heinrich Böll oder Günter Grass in einen Topf. Celan konnte und wollte nicht mehr differenzieren. Neid von anderen Schriftstellern, Profilierungsversuche von Konkurrenten, antisemitische Angriffe und tückisch philosemitisch wirkende Verteidigungen: Der Betrieb an sich setzte ihm zu. Seine junge Freundin Gisela Dischner schrieb ihm einmal: »Mir ist beim Kennenlernen all dieser Literaten, vor allem der Zwischenmischer wie Bingel oder Bienek etc. klar geworden, dass man Dich wegzudrängen versuchte: Neben Dir würde ihre Würstchenhaftigkeit noch mehr auffallen (...)«[222] Sie sprach ihm damit offenkundig aus der Seele. Celans Vorstellung von Dichtung vertrug sich nicht mit dem journalistischen Gepflogenheiten und der durch die Gruppe 47 mittlerweile einflussreich werdenden Literaturkritik. Daneben standen Ernst Jünger, Rolf Schroers, Martin Heidegger: In diesen realen, aber vor allem imaginären Ansprechpartnern zeigte sich ein Dilemma, dessen Celan nicht Herr wurde.

Kapitel 7

Das Freiburger Dilemma

Die Germanistikprofessoren Gerhart Baumann
und Gerhard Neumann

a) »Présence d'absence«

Am 24. Juli 1967 war das Auditorium Maximum der Universität Freiburg bis auf den letzten Platz gefüllt. Man stand auch an den Seiten. Alle folgten fast atemlos einer Lesung Celans. Es war einer seiner seltenen öffentlichen Auftritte, und die weit mehr als tausend Zuhörer, die gekommen waren, wussten um den Ruf dieses Lyrikers – nämlich einer, wenn nicht der bedeutendste zeitgenössische Lyriker deutscher Sprache zu sein. Man brachte ihn immer damit in Verbindung, »am Rand des Verstummens« zu schreiben, jedes einzelne Wort habe bei ihm enormes Gewicht, da war solch eine Lesung eine äußerst angespannte Angelegenheit. Celan las anders als in den fünfziger Jahren, er »sang« nicht mehr. Nur von fern war noch eine altösterreichische Klangfärbung zu ahnen. Es handelte sich um ein fast monoton anmutendes, nachhorchendes Sprechen, die Bedeutung lag auf jeder Silbe. Der damalige Südwestfunk hat zweiundzwanzig Minuten dieser Veranstaltung mitgeschnitten, und es ist ein seltenes Dokument. Arrangiert wurde diese Lesung vom Freiburger Ordinarius für Neuere Deutsche Literatur Gerhart Baumann, der sich bereits seit Langem um Celan bemüht hatte.

Gerhart Baumann (1920–2006) war stark von dem durch seine aktive Unterstützung des Nationalsozialismus kompromittierten Stefan-George-Schüler Ernst Bertram geprägt, und in Freiburg gehörte Martin Heidegger zu seinen engsten Bezugspersonen. Für Celan spielte Baumann auch in der Zeit nach seiner schon bald zur Legende gewordenen Lesung im Auditorium Maximum eine wichtige Rolle. Schon im nächsten Jahr, am 26. Juni 1968, trat er wieder öffentlich in dieser Stadt auf, mit einer Lesung aus seinen Übersetzungen aus dem Russischen. Am 26. März 1970, einen knappen Monat vor seinem Selbstmord in Paris, las Celan dann im Privathaus Baumanns vor Freunden, darunter auch Heidegger. Eine weitere größere Veranstaltung schon im Mai darauf konnte nicht mehr stattfinden. Unter dem Datum des 13. Mai 1970 findet sich der letzte Eintrag in Celans Notizkalender: »Lesung Freiburg«.

Den Ordinarius Baumann umwehte der Ruf von etwas Dämonischem. Als 1968 die Studenten erste Happenings veranstalteten und Vorlesungen sprengten, geschah das bei Baumann in der Form, dass er sich am Pult plötzlich von Gestalten mit Teufelsmasken umgeben sah. Auch er gehörte zu jenen deutschen Akademikern, die in mehr oder weniger enger Verbindung mit Hitlers Ideologie gestanden hatten und zu keiner Zeit und mit keinem Satz daran dachten, ihre eigene Vergangenheit mit irgendeiner Form von Schuldgefühl zu verbinden.

In den siebziger Jahren war Baumann fast der Einzige, der noch Vorlesungen hielt, und bis in die Jahre vor seinem Tod hielt er sie auch noch im Rahmen des »Studium Generale«. Baumanns Vorträge hoben auf etwas Rhythmisches ab, mit einem Spannungsbogen, der nicht primär auf dem Inhaltlichen beruhte, sondern auf der Vortragsweise, und dass diese Vortragsweise die eigentliche Aussage barg, war bald zu ahnen. Einer seiner Lieblingsauftritte hieß *Paul Celan. Dasein zur Sprache*[223], und er arbeitete dabei vor allem mit Aufzählungen, zitierte geistige Bezugsgrößen Celans, von Mallarmé bis Mandelstamm, und darüber gelangte Baumann zu der ihn am prägnantesten bestimmenden rhetorischen Figur. Er nannte ein paar Titel Celans mit dem Gestus dessen, der aus dem Vollen schöpfen kann, ein Titelsog: *In memoriam Paul Eluard, Zürich Zum Storchen, Tübingen Jänner, Gespräch im Gebirg, Todtnauberg.* In all diesen Gedichten Celans spielen andere Autoren eine Rolle, und dies seien »Stimmen, die ihm leben«: Celan sage »mit fremden Stimmen das Eigenste«.

Hier war Baumann dann ganz bei sich. Er lebte in seinen literarischen Ausführungen unentwegt in Gegensätzen, und er unternahm unendlich viele und lang anhaltende Anläufe, um zu immer neuen Gegensatzpaaren vorstoßen zu können. »Im Gespräch wurde Paul Celan sich seiner Einsamkeit bewusst«, erinnerte er sich, und zwei Verhaltensweisen Celans hätten sich dabei unmittelbar ergänzt: dem »Sich auf Sich-Zurückziehen« seien »schlagschnelle Erwiderungen« gefolgt. Am interessantesten seien »Bekenntnisse« gewesen, »die man bis weit ins Unausgesprochene verfolgen« müsse. Baumann suchte im Laufe des Vortrags immer prägnantere Formeln für sein Modell und fand sie auch: »Aus solcher Nähe spricht bedrohliche Ferne, und solcher Ferne fühlte er sich nah.«

Celan habe, so teilte Baumann aus seiner unmittelbaren privaten Erfahrung mit, »Hinweise« nur gegeben, »um sie unverzüglich ins Mehrdeutige zurückzunehmen«. Er berief sich auf Celans »Vermögen, Unerklärliches mit Gelassenheit vorzutragen«. Den immer vergeblichen Anstrengungen der gemeinen Literaturwissenschaft hielt Baumann fast verschmitzt entgegen: »Mit Ironie und delphischen Hinweisen entzog sich Celan allen Nachstellungen.«

Baumann sprach nie über Celans Biografie. Stattdessen gab er die Gelegenheit, teilzuhaben am Gespräch über Gedichte: »In zahlreichen Gesprächen erhob er kenntnisreiche Fragen, er erbat Auskünfte«, und Baumann setzte nach: »Dass er bereitwillig nach Freiburg kam, bestätigt dieses.« Hochtheatralisch, mit dem Duktus des Schauspielers in seiner Paraderolle, war dann immer der Abgang Baumanns. Im letzten Satz nahm er plötzlich die Brille ab, hielt sie vor sich in der Hand und schaute für zwei, drei Sekunden direkt ins Publikum. Und während er diesen Satz sagte, verstaute er das Manuskript schon in der schmalen schwarzen Aktentasche, und als er mit diesem Satz zu Ende kam, war er schon fast auf dem Weg zur Tür. In diesem letzten Satz, in den letzten Worten, tauchte zum ersten Mal der Titel des Vortrags auf, wie eine Coda, und als Baumann diese Worte aussprach – »ist er mit seinem Dasein zur Sprache gegangen« –, war er schon an der Tür, hatte sie schwungvoll aufgemacht und war darin verschwunden. Man sah ihn rasch entfliehen, so, als würden die Ovationen ihn überholen.

Einige Jahre nach Baumanns Tod wurde sein Briefwechsel mit Celan ediert. Es gibt neunzehn erhaltene Briefe und Postkarten von Baumann an Celan und nur sieben davon in umgekehrter Richtung, Celan schrieb zumeist sachlich und kurz.[224] Doch auch Baumann hat wohl, trotz aller Zwielichtigkeiten, für ihn etwas verkörpert, was ihn anzog. Dieser Lehrstuhlinhaber war bekannt dafür, dass er immer Ausschau nach Vertretern des Geistes hielt, die in Tradition deutschen Sehertums standen, und Celan war in den sechziger Jahren offenkundig derjenige unter den lebenden deutschsprachigen Lyrikern, der dem fast idealtypisch zu entsprechen schien. Baumann zitiert in seinen Briefen an Celan leitmotivisch die »présence d'absence«, eine zentrale Vorstellung bei Paul Valéry, und projektiert damit ein Bündnis im Geiste – die Anwesenheit des Abwesenden. Er imaginiert in seinen Briefen ein immerwährendes, wenn auch oft in Schweigen verharrendes Gespräch.

Dabei verwendet er das Wörtchen »kreativ«, das heute inflationär gebraucht wird und fast schon einen kabarettistischen Beigeschmack hat, als kostbares Distinktionsmerkmal und geheimes Verbindungszeichen. Dass er es mit c schreibt, also »creativ«, zeigt jenen Hauch von Affektation, der ihn besonders auszeichnet. So entstehen in den immer länger werdenden Briefen Baumanns an Celan Verehrungsgirlanden, die die Gepflogenheiten des George-Kreises in eine selbst dort ungeahnte Ornamentalik treiben. Als Celan einmal von Rilke gesprochen hat, schreibt ihm Baumann darüber später: »*Malte Laurids Brigge* hat durch Ihre Andeutungen noch eine Dimension hinzugewonnen: die vollzählige Zeit hat sich dadurch rein offenbart, das Verhältnis von Vor-Spiel und Nach-Spiel, das spannungsvolle Zugleich von Einst und Jetzt, von wirklichen Fiktionen und fiktiver Wirklichkeit.«[225] Die Spezialität Baumanns, dieses ständige Vertauschen und Verschieben von Gegensätzen, hatte ihren Auslöser im Übrigen vermutlich in einer Formel Goethes, die den Titel zu einem weiteren Lieblingsvortrag von ihm abgab: »Dauer im Wechsel«.

Es ist spannend, wie sich Celan dazu verhielt. Freiburg, das waren für ihn neben Baumann natürlich auch Heidegger und der Baumann-Assistent Gerhard Neumann, und er notierte über seine Aufenthalte dort in seinem Arbeitsheft, wie um sich von seiner eigenen Empfänglichkeit abzugrenzen, zweimal die Formulierung »im Reich der mittleren Dämonen«. Das bezog sich auf die Abrechnung des Nationalrevolutionärs Ernst Niekisch mit den Nationalsozialisten, die den Titel *Im Reich der niederen Dämonen* trug. In Freiburg waren für Celan also immerhin »mittlere Dämonen« am Werk. Er stellte den Bezug zum Nationalsozialismus in einer quälend ironisch abgemilderten Weise her. Das war seine Art, den eigenen Zwiespalt auszudrücken.

b) Jenseits des Absoluten

Gerhard Neumann war einer der einflussreichsten und mächtigsten Literaturwissenschaftler der letzten Jahrzehnte. Und es wirkt immer noch etwas davon nach, wenn man seine samtene Stimme und seinen verbindlichen Habitus (»Wenn Sie so wollen ...«) im Ohr hat, seine einfallsreichen Wechselspiele zwischen »Natur und Kultur« oder »Lizenz und Tabu« – oft ausgeführt an den Lieblingsobjekten Kafka und Kleist. Das zelebriert er auch gleich auf den ersten Seiten seines autobiografischen *Selbstversuchs,* den er kurz vor seinem Tod im Jahr 2017 noch fertigstellte. Fast augenzwinkernd, nichtsdestoweniger aber kathederwirksam finden sich da lieb gewordene Formulierungen wie »Niemand hat die Lage genauer beschrieben als Heinrich von Kleist« und »Vielleicht ist es Kafka gewesen, der diese neue Situation besonders scharf beleuchtet hat«.[226]

Der Auslöser dieser Autobiografie, das stellt Neumann in den Einleitungsworten programmatisch heraus, sei seine »Kränkung« durch Paul Celan gewesen. Sie habe ihn über Jahrzehnte beschäftigt, und jetzt sei der Moment erreicht, an dem er sich darüber klar werden könne. Um zu diesem als Zentrum seines geistigen Lebens wahrgenommenen Thema vorzudringen, erinnert sich Neumann zunächst an seine Herkunft, legt die Grundlage. Sehr plastisch erscheint das deutsche Elternhaus im tschechoslowakischen Brünn, in einem reichen Stadtviertel. Die Vertreibung, das Studium in Freiburg und längere Aufenthalte in Paris werden in einzelnen Fragmenten unterschiedlich beleuchtet. Das intimste Zeugnis der Annäherung des Autors an sich selbst ist aber sicher das Anfangskapitel »Chronik der Lektüren«. Die »Urszene« in Neumanns Lesebiografie ereignet sich im Lesesaal in Oxford beim Umblättern von Kafkas Oktavheften: »Dies war eine Erfahrung des Ausnahmezustands, der zwischen Leben und Schriftzeichen sich auftut.«[227] Die Edition von Kafkas Texten, der »Akt der Deutung bei der Lektüre«, die Darstellung des

Gelesenen durch »neue Schrift- und zuletzt durch Druck-
zeichen«: Das ist selbst etwas Schöpferisches. Es sind
nicht einzelne Texte, die den Autor elektrisieren, und er
gesteht, kaum Lieblingsautoren nennen zu können (außer
etwas schalkhaft Karl May). Es geht ihm in erster Linie um
»die Literatur« als ein kulturelles Muster, das die eigene
Existenz beglaubigt, um die Erfahrung der Schrift, in die
man eintauchen und die man weiterschreiben kann – die
Literatur als ein weitläufiges, sehr empfindliches System
also, das die Vorstellung einer »Sekundärliteratur« gar
nicht zulässt.

Die »politische Aufgabe« der Philologen sieht Neumann in ihrer Arbeit am »performativen Geschehen der
Sprache«, und das Wort »Politik« gebraucht er in diesem
Sinne lustvoll und differenziert.[228] Wenn es allerdings um
konkrete Tagespolitik geht, stößt man in seiner Autobio-
graphie auf erstaunliche Leerstellen. Wie sehr sein Vater
in den Nationalsozialismus verstrickt war, beschäftigt ihn
verblüffenderweise gar nicht. Er erwähnt eher nebenbei,
dass sich seine großbürgerlichen Eltern im böhmischen
Brünn zu jener »Bewegung« bekannten und nach dem
Einmarsch der Nazis 1938 auch sofort aus der Kirche aus-
getreten seien. Dass der Sohn im Unterschied zu fast allen
anderen Deutschen in seiner Klasse nicht mehr am Religi-
onsunterricht teilnahm, ist eine fast komödiantische Kurz-
erinnerung. Der Stolz des Vaters, am Ersten Weltkrieg teil-
genommen zu haben, wird sachlich konstatiert, und die gemeinsame Lust an Kriegsfilmen »mit der Verherrlichung
aller Waffengattungen durch unerschrockene Helden«
erhält bloß den Zusatz, dies habe »ohnehin jeden Jungen

begeistert«.[229] Umso markanter ist die mehrfache Rede vom »Zusammenbruch« im Jahr 1945. Direkte politische Emotionen äußern sich nur, wenn es um die Vertreibung der Deutschen durch die Tschechen geht. Neumann sieht sich selbst als Opfer und stellt sein Schicksal mit demjenigen der von den Nazis verfolgten Emigranten gleich, das betont er unmissverständlich.

Wohlgemerkt: Der Vertreibung der Deutschen durch die Tschechen ging 1938 der Einmarsch der deutschen Wehrmacht in die Tschechoslowakei voraus, einem selbstständigen Land, das relativ liberal und pluralistisch war, in dem aber eine beträchtliche, immer nationalistischer werdende deutsche Minderheit lebte. Schon diese vorausgegangene militärische Annektion durch die Deutschen zeigt, dass man den Charakter der Vertreibung der Deutschen aus der wieder existierenden selbstständigen Tschechoslowakei nach 1945 nicht mit dem Exil der Deutschen vergleichen kann, die nach 1933 aus dem Deutschen Reich flohen.

Man ist verblüfft, wenn man jetzt Neumanns zeitgeschichtliche Einschätzungen liest. Er gab sich zur Zeit seiner akademischen Lehrtätigkeit immer dezidiert unpolitisch und erwarb sich auch deswegen Sympathien. Plötzlich scheint jetzt etwas hervorzubrechen, was man niemals für möglich hielt. Die historischen Parallelisierungen Neumanns grundieren die Art und Weise, wie er dann über seine Beziehung zu Paul Celan schreibt. Er hatte den Dichter durch den gemeinsamen Freund Elmar Tophoven kennengelernt und veröffentlichte im Jahr 1970 einen Aufsatz über die »absolute Metapher«. Darin verglich er Stéphane Mallarmé, den ersten »absoluten« Dichter, dessen Sprache auf nichts anderes mehr verweist als auf sich selbst, mit Paul Celan.[230] Er ging das durchaus differenziert an und hob Celan von Mallarmé ab. Aber er blieb bei der »Metapher« und dem »Absoluten« als seinem Ausgangspunkt, als dem Thema, dem sein Forschungsinteresse primär galt. Als Celan wenige Wochen vor seinem Tod diesen Aufsatz las, brach er brüsk die Beziehung ab. Er fühlte sich grundsätzlich missverstanden. Mit der Metapher, mit Mallarmé wollte er wegen des katastrophalen Einbruchs in seine Lebensgeschichte nichts zu tun haben. Er konnte und wollte kein Schöngeist mehr sein.

Das war jene »Kränkung«, die Neumann jahrzehntelang umtrieb: Celan habe Neumanns Versuch, seine Dichtung zu verstehen, also »in die sprechende Kommunikation einzutreten«[231], schroff zurückgewiesen. Neumann will mit Celan auf Augenhöhe agieren. Er will selbst als einer wahrgenommen werden, der das Wesen des Literarischen verkörpert, er glaubt, dass er mit demselben Recht an jenem »Ausnahmezustand« teilhat, »der zwischen Leben und Schriftzeichen sich auftut«.[232]

Neumann ist eine wichtige Person. Er spielt im Freiburger Geflecht Celans eine nicht zu unterschätzende Rolle. Im Gedicht *Todtnauberg,* das den Besuch in der Heidegger-Hütte verarbeitet, kommt Neumann vor, er wird indirekt benannt: Er war der Fahrer, »der Mensch, / der's mit anhört«. »Mensch«: Das ist an dieser Stelle als Gegengewicht gemeint, denn was er »mit anhört«, das ist das »Krude«, mit dem Heidegger auf Celans Drängen reagiert, zu seiner Rolle im Nationalsozialismus Stellung zu nehmen. Neumann ist im Gedicht *Todtnauberg* eine Hoffnung.

Neumann hätte Auskunft darüber geben können, was bei der Begegnung zwischen Celan und Heidegger genau geschah. Aber er hat nie etwas dazu gesagt. Stattdessen interpretiert er nun, nach einigen Jahrzehnten, mit großem kombinatorischen Aufwand in einer Art Rachefeldzug Celans Gedicht *Todtnauberg*. Und er beharrt dabei trotzig auf dem Instrumentarium, das er schon in seinem Text über die »absolute Metapher« verwendet hat. Das ist jedoch schon im Ansatz verfehlt. Ingeborg Bachmann stellte bereits 1959 fest, dass Celan »ein neues Gelände begeht. Die Metaphern sind völlig verschwunden«, es komme zu neuen Bezügen »von Wort und Welt«.[233] Mit Neumanns aristotelischem Metaphernbegriff, mit dem Spiel zwischen Nachahmung und Ähnlichkeiten sowie mit einer daraus hergeleiteten »Poetologie der ›absoluten Metapher‹«[234] hat ein Gedicht wie *Todtnauberg* nicht das Geringste zu tun. Mit einem Bezug auf Dylan Thomas verwies Celan bereits relativ früh darauf, dass jedes Bild im Gedicht den Keim seiner eigenen Zerstörung in sich trage: »Meine dialektische Methode besteht in einem ständigen Aufbau und Niederreißen von Bildern, die aus dem Zentrum kommen, das zerstörerisch und schöpferisch zugleich ist.«[235] Interpret Neumann interessiert sich nicht für die biografischen und historischen Voraussetzungen, die zur Ästhetik der späten Gedichte Celans führten. Und er wird, das ist das wirklich Verblüffende, persönlich und unterläuft so seine akademischen Konzeptionen, mit denen er seinen Ruf erworben hat.

Neumanns Beschäftigung mit Celans *Todtnauberg*-Gedicht ist offenkundig von der Zurückweisung seines frühen Aufsatzes durch Celan ausgelöst. Darin liegt der Grund für seine Fehlleistungen. Neumann geht von der Szene im Auto aus, in der er vorkommt, und sieht sich als »Zeitzeuge« angesprochen. Das führt zum Kern seiner Ausführungen: Dem »Zeugen« wird »die Rolle des Schuldigen, geradezu in einem Akt der Überwachung und Erpressung, aufgebürdet«. Überhaupt sei Celans »poetische Kommunikationsstrategie« generell darauf ausgerichtet, »dem Kommunikationspartner, als dem Schuldigen, das Geständnis, die Äußerung dieser Schuld, abzupressen«.[236]

Das geht, mit Verlaub, noch über Martin Walsers Rede von der »Moralkeule« Auschwitz hinaus. Es ist, in der Sprache eines allseits bewunderten wichtigen deutschen Literaturwissenschaftlers, von dem man derlei nicht geahnt hätte, ungewöhnlich prägnant und in seinem spezifisch Verdrängungsaufwand sehr beredt. Er will, als ein vertriebener Deutscher, der sich selbst als Opfer der Geschichte fühlt, durch einen Juden nicht an irgendeine Art von »Schuld« erinnert werden. Celan ist ihm lästig, er geht ihm auf die Nerven.

Hier wird deutlich, worin die Isolation Celans im deutschen kulturellen Milieu bestand: das Desinteresse für die Entwicklung seiner Ästhetik bei jenen, die ihn für sich beanspruchten und für einen konservativen Wertekosmos standen, traf zusammen mit einer Distanz zu den zunehmend tagespolitisch engagierten Schriftstellerkollegen.

Abseits aller Spekulationen über den Charakter seiner psychischen Erkrankung ist zu erkennen, dass Celan im bundesdeutschen Literaturbetrieb gegen Ende seines Lebens immer mehr eine isolierte Außenseiterposition einnahm. Es ist auffällig, wie stark seine Lyrik im akademischen Umfeld Martin Heideggers rezipiert wurde, wie sie aber gleichzeitig im mittlerweile von der Gruppe 47 dominierten Tagesgeschäft eher als Randphänomen galt. Diese Koinzidenz ist bezeichnend. Seit seinem Auftritt bei der Gruppe 47 wurde Celan lange von Teilen der kritischen Öffentlichkeit unterstützt – bei seinen verzweifelten Hilferufen angesichts der Plagiatsvorwürfe Claire Golls traten ihm vor allem die alten Wiener Freunde und links gerichtete Kollegen aus der Bundesrepublik zur Seite. Im Lauf der sechziger Jahre mehrten sich dann allerdings die Stimmen, die ihn für eine immer noch sehr wirkmächtige Traditionslinie aus dem Stefan-George-Kreis vereinnahmten und seinen »hohen Ton«, seine Suche nach den Wurzeln der Sprache, in einem kulturkonservativen Sinne interpretierten, ohne auf die politischen und historischen Implikationen einzugehen. Celan blieb den literarischen Strömungen in Deutschland im Vorfeld der Achtundsechzigerbewegung fremd. Der Literaturkritiker Peter Hamm erinnerte sich einmal an den Kritikerempfang des Suhrkamp-Verlegers Siegfried Unseld auf der Buchmesse im Jahr 1968: Celan habe allein auf der Treppe zum Garten gesessen, niemand habe mit ihm gesprochen.[237]

Celan sah sich zwischen den Stühlen, zwischen den »Zeitungslesern« und jenen deutschen »Dämonen«, die seine Gedichte in ihrem Sinne missverstanden, die ihm aber wenigstens scheinbar huldigten. Wohin dieser Dichter geraten war, als er sich vom deutschen akademischen Milieu umworben sah, wird vielleicht am deutlichsten in den Aufzeichnungen von Gerhard Neumanns damaliger Ehefrau. Dass Celan ein überlebender Jude war und sich in einem schwierigen psychischen Zustand befand, wird mit keinem Wort erwähnt. Aber der Professor integriert diese Notizen in seine Autobiografie wie ein Argument. Es verhielt sich so, dass Celan während seiner Freiburg-Aufenthalte zwar im Hotel wohnte, Neumann sich aber um ihn kümmern sollte. Ein »Albtraum«, ein »Danaergeschenk«, schreibt Brigitte Neumann: »Tödliche Nachmittage! Manchmal wurden ein paar Banalitäten ausgetauscht. Keine Spur von echter Kommunikation, seinerseits nicht einmal die Bereitschaft dazu. Was Außenstehende für Tiefsinnigkeit hielten, erschien uns nur als Leere.« Dann stellt sie die rhetorische Frage: »War C. arm oder geizig? Er hat niemals etwas mitgebracht. Auch die Rechnungen in den Gasthäusern wurden immer von uns bezahlt.«[238]

So kam er unter die Deutschen. Erschreckend ist die Kluft zwischen solchen Erinnerungen aus dem Justemilieu des akademischen Bürgertums und den Exegese-Ritualen an den Universitäten nach Celans Tod. Vielleicht gibt es da aber auch einen Zusammenhang. Celan selbst hat einmal der Wissenschaftlerin Dietlind Meinecke gegenüber formuliert, wie er gern gesehen werden möchte. Das könnte auch heute ein Fingerzeig sein: »ein im Prozess des Schreibens sich verdeutlichendes Ich, das – kein lyrisches Ich ist. Es trinkt gelegentlich Kaffee.«[239]

Anmerkungen

1 Paul Celan; Gisèle Celan-Lestrange: *Briefwechsel.* Hrsg. von Bertrand Badiou in Verbindung mit Eric Celan. Frankfurt am Main 2001. Zweiter Band: Kommentar, S. 449.

2 Paul Celan: Brief an Hans Bender vom 18. Mai 1960. In: *Mein Gedicht ist mein Messer. Lyriker zu ihren Gedichten.* Hrsg. von Hans Bender. München 1961, S. 86.

3 Paul Celan: Ansprache anlässlich der Entgegennahme des Literaturpreises der Freien Hansestadt Bremen (1958), in: ders.: *Gesammelte Werke* (GW). Bd. 3: Gedichte, Prosa, Reden. Frankfurt am Main 1983, S. 185.

4 GW 1, S. 39–42.

5 Hans Egon Holthusen: *Ja und Nein. Neue kritische Versuche.* München 1954, S. 164.

6 Helmuth de Haas: »Mohn und Gedächtnis«. In: *Über Paul Celan.* Hrsg. von Dietlind Meinecke. Frankfurt am Main 1970, S. 31.

7 Curt Hohoff: *Geist und Ursprung: Zur modernen Literatur.* München 1954, S. 242.

8 Inge Meidinger-Geise: *Perspektiven deutscher Dichtung.* Nürnberg 1959, S. 64.

9 Hans Egon Holthusen: *Ja und Nein,* a. a. O., S. 162.

10 Hans Egon Holthusen: Das verzweifelte Gedicht. »Die Niemandsrose« – nach vier Jahren ein neuer Lyrikband von Paul Celan. In: *FAZ,* 02. 05. 1964.

11 Günter Blöcker: Gedichte als graphische Gebilde. In: *Der Tagesspiegel,* 11. 10. 1959.

12 Ebd.

13 Günter Blöcker: Die Gruppe 47 und ich. In: *Die Zeit,* 26.10.1962.

14 Heinz Piontek: Celan, Paul: Mohn und Gedächtnis. In: *Welt und Wort* 8 (1953), S. 201.

15 Anonym: German verses for eye and ear. In: *The Times Literary Supplement,* 27.02.1969, zit. nach: *Celan-Handbuch. Leben – Werk – Wirkung.* Hrsg. von Markus May, Peter Goßens und Jürgen Lehmann. Stuttgart / Weimar 2012, S. 99.

16 Joachim Günther: Siedlung in Nadaland. »Fadensonnen« – Paul Celans neuer Gedichtband. In: *Der Tagesspiegel,* 27.10.1968.

17 Silvio Vietta: Sprache und Sprachreflexion in der modernen Lyrik. Bad Homburg v.d.H. 1970, zit. nach: *Über Paul Celan,* a.a.O., S. 8.

18 Otto Pöggeler: »Ach, die Kunst!« Die Frage nach dem Ort der Dichtung. In: *Der Mensch und die Künste. Festschrift für Heinrich Lützeler zum 60. Geburtstage.* Düsseldorf 1962, S. 98–111.

19 Harald Weinrich: Linguistische Bemerkungen zur modernen Lyrik. In: *Akzente* 15 (1968), S. 39.

20 Marlies Janz: *Vom Engagement absoluter Poesie. Zur Lyrik und Ästhetik Paul Celans.* Königstein 1976.

21 Gerhard Neumann: Die »absolute« Metapher. Ein Abgrenzungsversuch am Beispiel Stéphane Mallarmés und Paul Celans. In: *Poetica* 3 (1970), S. 195.

22 Ebd., S. 210.

23 Winfried Menninghaus: *Paul Celan. Magie der Form.* Frankfurt am Main 1980, S. 80.

24 Brigitta Eisenreich: *Celans Kreidestern. Ein Bericht.* Berlin 2010, S. 59.

25 Siehe dazu: Florian Welling: »*Vom Anblick der Amseln*«.
    Paul Celans Kafka-Rezeption. Göttingen 2019.

26 GW 3, S. 185.

27 Jean Bollack: Vor dem Gericht der Toten. Paul Celans
    Begegnung mit Martin Heidegger und ihre Bedeutung.
    In: *Neue Rundschau* 1 (1998), S. 127–156. Vgl. auch: ders.:
    Paul Celan. Poetik der Fremdheit. Wien 2000 sowie ders.:
    Dichtung wider Dichtung. Paul Celan und die Literatur.
    Hrsg. von Werner Wögerbauer, Göttingen 2006.

28 Celans Briefpartner und Freund Franz Wurm zum Bei-
    spiel relativierte diese Beziehung im Gespräch mit dem
    Verfasser unüberhörbar.

29 Auf Deutsch erschienen als John Felstiner: *Paul Celan.
    Eine Biographie*. München 1997.

30 Petre Solomon: Paul Celans Bukarester Aufenthalt. In:
    Neue Literatur 11 (1980), S. 62.

31 Zit. nach: Beda Allemann: Max Rychner – Entdecker
    Paul Celans. Aus den Anfängen der Wirkungsgeschichte
    Celans im deutschen Sprachbereich. In: »*Wir tragen den
    Zettelkasten mit den Steckbriefen unserer Freunde*«. Acta-
    Band zum Symposion »*Beiträge jüdischer Autoren zur
    deutschen Literatur seit 1945*«. Hrsg. von Jens Stüben und
    Winfried Woesler. Darmstadt 1994, S. 285.

32 Paul Celan: *Die Goll-Affäre. Dokumente zu einer* »*In-
    famie*«. Hrsg. von Barbara Wiedemann. Frankfurt am
    Main 2000.

33 Ebd., S. 663.

34 Ebd., S. 664.

35 Peter Rühmkorf: Das lyrische Weltbild der Nachkriegs-
    deutschen. In: *Bestandsaufnahme. Eine deutsche Bilanz
    1962*. Hrsg. von Hans Werner Richter. München 1962,
    S. 465.

36 Offener Brief von Peter Rühmkorf an verschiedene Zeitungsredaktionen, vom Rowohlt Verlag per Fax verbreitet am 27. 11. 2000.

37 Paul Celan; Gisela Dischner: *Wie aus weiter Ferne zu Dir. Briefwechsel.* Hrsg. von Barbara Wiedemann. Berlin 2012, S. 132.

38 Friedrich Dürrenmatt: *Stoffe. Turmbau.* Bd. 4–9. Zürich 1990, S. 169.

39 Holthusen 1954, a. a. O., S. 164.

40 Clemens Heselhaus: *Deutsche Lyrik der Moderne von Nietzsche bis Yvan Goll.* Düsseldorf 1961, zit. nach *Celan-Handbuch,* a. a. O., S. 62.

41 Wolfgang Weyrauch: Paul Celan, »Todesfuge«. In: *Mein Gedicht. Begegnungen mit deutscher Lyrik.* Hrsg. von Dieter E. Zimmer. Wiesbaden 1961, S. 40.

42 Reinhard Baumgart: Unmenschlichkeit beschreiben. Weltkrieg und Faschismus in der Literatur. In: *Merkur* 19 (1965), S. 48 f.

43 *Celan-Handbuch,* a. a. O., S. 49.

44 Es lesen eigene Gedichte: Hans Arp, Paul Celan, Walter Höllerer, Günter Grass. In: *Lyrik der Zeit* 2. Pfullingen 1959.

45 Zum Beispiel in einer exemplarischen Situation mit Nelly Sachs in Zürich 1960, siehe dazu: Peter Hamm: Das Leben hat die Gnade, uns zu zerbrechen. Zum Briefwechsel Nelly Sachs / Paul Celan. In: *Die Zeit,* 8. 10. 1993.

46 Hugo Huppert: »Spirituell«. Ein Gespräch mit Paul Celan. In: Paul Celan. Hrsg. von Werner Hamacher, Winfried Menninghaus. Frankfurt am Main 1988, S. 320.

47 Paul Celan: *Die Gedichte aus dem Nachlass.* Hrsg. von Bertrand Badiou, Jean-Claude Rambach und Barbara Wiedemann. Frankfurt am Main 1997, S. 104.

48 Paul Celan: Antwort auf eine Umfrage der Librairie Flinker (1958). In: GW 3, a. a. O., S. 167 f.

49 Paul Celan: Engführung. In: GW 1, S. 197.

50 »Kulturkritik findet sich der letzten Stufe der Dialektik von Kultur und Barbarei gegenüber: nach Auschwitz ein Gedicht zu schreiben, ist barbarisch, und das frisst auch die Erkenntnis an, die ausspricht, warum es unmöglich ward, heute Gedichte zu schreiben.« Theodor W. Adorno: Kulturkritik und Gesellschaft. In: ders.: *Gesammelte Schriften*. Hrsg. von Rolf Tiedemann. Bd. 10.1. Frankfurt am Main 1977, S. 30. Adorno hat das später konkretisiert und anders gewichtet. Das Verhältnis Celans zu Adorno blieb allerdings schwierig, siehe dazu: Briefwechsel mit Theodor W. Adorno. Hrsg. von Joachim Seng. In: *Frankfurter Adorno Blätter* 8 (2003), S. 177–202, sowie Celans Prosatext »Gespräch im Gebirg«, GW 3, S. 169–173.

51 Paul Celan: Ansprache zum Bremer Literaturpreis (1958), a. a. O., S. 185.

52 Edith Silbermann: Erinnerungen an Paul in Czernowitz. In: *Paul Celan – Edith Silbermann. Zeugnisse einer Freundschaft*. Hrsg. von Edith Silbermann und Amy-Diana Colin. München 2010, S. 23.

53 Ebd., S. 26 f.

54 Ebd., S. 28.

55 *In der Sprache der Mörder. Eine Literatur aus Czernowitz, Bukowina*. Ausstellungsbuch. Hrsg. von Ernest Wichner und Herbert Wiesner. Berlin 1993, S. 163–165.

56 Zit. nach: ebd., S. 167.

57 Israel Chalfen: *Paul Celan. Eine Biographie seiner Jugend*. Frankfurt am Main 1979, S. 72 und 138.

58 Alfred Kittner: Erinnerungen an den jungen Paul Celan. In: *Zeitschrift für Kulturaustausch* 3 (1982), S. 218.

59 Gerhart Baumann: *Erinnerungen an Paul Celan*. Frankfurt am Main 1986, S. 24.

60 Paul Celan; Gustav Chomed: *Paul Celan und Gustav Chomed. »Ich brauche Deine Briefe«*. Hrsg. von Jürgen Köchel und Barbara Wiedemann. Berlin 2010, S. 28 und 37.

61 Paul Celan: *Der Meridian. Endfassung – Entwürfe – Materialien*. Hrsg. von Bernhard Böschenstein und Heino Schmull, Frankfurt am Main 1999 (= Tübinger Celan-Ausgabe, hrsg. von Jürgen Wertheimer), S. 131.

62 Alfred Kittner, a. a. O.

63 Paul Celan und Gisela Dischner: *Wie aus weiter Ferne zu Dir. Briefwechsel*. Hrsg. von Barbara Wiedemann. Berlin 2012, S. 58 und 68.

64 Paul Celan: *Das Frühwerk*. Hrsg. von Barbara Wiedemann. Frankfurt am Main 1989, S. 195. Warum die auf Seite 227 dort wiedergegebene deutsche Übersetzung statt »Partisan« das anders konnotierte und harmlosere Wort »Anhänger« verwendet, ist verwunderlich.

65 *»Fremde Nähe«. Celan als Übersetzer*. Ausstellungskatalog. Hrsg. von Axel Gellhaus [u. a.]. Marbach am Neckar 1997, S. 269 f.

66 Chalfen, a. a. O., S. 65.

67 Silbermann, a. a. O., S. 28.

68 Siehe Anm. 1.

69 Zit. nach: Wichner / Wiesner, a. a. O., S. 35.

70 Zit. nach: Rüdiger Schaper: *Moissi. Triest – Berlin – New York, Eine Schauspielerlegende*. Berlin 2000, S. 96.

71 Franz Kafka: Tagebücher. Frankfurt am Main 1990, S. 302 f.

72 Zit. nach: Engel, Peter: Die Sekunde des Umschlags. Die Niendorfer Tagung der »Gruppe 47«. In: *Neue Zürcher Zeitung,* 06.09.1997.

73 Ebd.

74 Mitschnitt eines Gesprächs des Verfassers mit Günter Grass am 20.05.1995 in Behlendorf.

75 Hans Mayer: *Ein Deutscher auf Widerruf. Erinnerungen* II. Frankfurt am Main 1984, S. 326.

76 Celan / Dischner: *Briefwechsel,* a. a. O., S. 142.

77 *Briefe an Hans Bender.* Hrsg. von Volker Neuhaus, unter redaktioneller Mitarbeit von Ute Heimbüchel. München 1984, S. 34 f.

78 Paul Celan: *Briefwechsel. Klaus und Nani Demus.* Hrsg. von Joachim Seng. Frankfurt am Main 2009, S. 15.

79 Ebd., S. 189 f.

80 Ebd., S. 49.

81 Zit. nach: Beda Allemann: *Max Rychner,* a. a. O., S. 283 f.

82 Ebd., S. 287.

83 Paul Celan: Vier Gedichte. In: *Die Wandlung* 4 (1949), S. 240 f.

84 Jean Cocteau: *Der goldene Vorhang. Brief an die Amerikaner.* Bad Salzig / Düsseldorf 1949.

85 Paul Celan: »*Du musst versuchen, auch den Schweigenden zu hören*«. *Briefe an Diet Kloos-Barendregt.* Hrsg. von Paul Sars. Frankfurt am Main 2002, S. 71.

86 Ernst Jünger: Das Wäldchen 125, zit. nach: Hans Sarkowicz; Alf Mentzer: *Literatur in Nazi-Deutschland. Ein biografisches Lexikon.* Hamburg 2002, S. 235.

87 Zit. nach: Karl-Heinz Ott: *Hölderlins Geister.* München 2019, S. 72.

88 Ernst Jünger: Auf den Marmorklippen. In: ders.: *Sämtliche Werke.* Bd. 15, Stuttgart 1999, S. 311.

89 Zit. nach: Tobias Wimbauer: In Dankbarkeit und Verehrung. In: FAZ, 08.01.2005.

90 Ulrich Fröschle: Neugier auf Gegenpole. Eine andere Sicht auf Celans Brief an Jünger. In: *FAZ*, 24.01.2005.

91 Ebd.

92 Ebd.

93 Zu dieser Dynamik und zu den näheren Umständen bei der Tagung der Gruppe 47 siehe: Helmut Böttiger: *Wir sagen uns Dunkles. Die Liebesgeschichte zwischen Ingeborg Bachmann und Paul Celan*. München 2017.

94 Paul Celan; Ingeborg Bachmann: *Herzzeit. Briefwechsel*. Hrsg. von Bertrand Badiou, Hans Höller, Andrea Stoll et al. Frankfurt am Main 2008, S. 40.

95 Ebd., S. 49.

96 P. N.: Wie der Prozess nach Frankfurt kam. Ein Gespräch mit Thomas Gnielka – Er entdeckte belastende SS-Dokumente. In: *Die Tat,* 09.11.1963, S. 11.

97 Gnielka, Thomas: *Die Geschichte einer Klasse. Als Kindersoldat in Auschwitz*. Romanfragment. Hrsg. von Kerstin Gnielka. Hamburg 2014, S. 70.

98 Anonym: Literatur-Zeitschrift. Allenfalls belächelnswert. In: *Der Spiegel* 36 / 1952.

99 Th. G.: Deutsche Literaturmesse 1952. »Gruppe 47« tagte im Ostseebad Niendorf. In: *Der Tagesspiegel,* 08.06.1952. Thomas Gnielkas Tochter Kerstin bestätigt, dass es sich bei dem Kürzel Th. G. um ihren Vater handelt.

100 Heinz Friedrich: Die Gruppe 47. In: *Deutsche Kommentare,* 14.06.1952. Zit. nach: *Die Gruppe 47. Bericht – Kritik – Polemik. Ein Handbuch*. Hrsg. von Reinhard Lettau. Neuwied / Berlin 1967, S. 79.

101 Paul Celan; Gisèle Celan-Lestrange: *Briefwechsel.* Hrsg. von Bertrand Badiou. Bd. 1: *Die Briefe.* Frankfurt am Main 2001, S. 22.

102 Mitschnitt des Verfassers am 20. 05. 1996 in Behlendorf.

103 So zitiert ihn Marie Luise Kaschnitz in ihrem Tagebuch, siehe dazu: Dagmar von Gersdorff: *Marie Luise Kaschnitz. Eine Biographie.* Frankfurt am Main / Leipzig 1992, S. 208.

104 Die maßgebliche Quelle dafür ist: Hans Werner Richter: Mittendrin. Die Tagebücher 1966 – 1972, München 2012, S. 158

105 Zit. nach: Hans Werner Richter: *Briefe.* Hrsg. von Sabine Cofalla. München / Wien 1997, S. 407.

106 Gespräch mit Klaus Voswinckel in: Helmut Böttiger: *Wir sagen uns Dunkles. Die Liebesgeschichte zwischen Ingeborg Bachmann und Paul Celan.* München 2017, S. 127.

107 Im Nachlass Hans Werner Richters im Archiv der Akademie der Künste, Berlin.

108 Archiv Klaus Wagenbach.

109 Prononciert in: Paul Celan: Der Meridian. Rede anlässlich der Verleihung des Georg-Büchner-Preises (1960). In: GW 3, S. 190.

110 Hermann Lenz: Erinnerungen an Paul Celan. In: *Paul Celan.* Hrsg. von Werner Hamacher und Winfried Menninghaus. Frankfurt am Main 1988, S. 316.

111 Zuerst publiziert in: André Robert: *Gespräche von Text zu Text. Celan – Heidegger – Hölderlin.* Hamburg 2001, S. 224.

112 Zit. nach: Rüdiger Safranski: *Ein Meister aus Deutschland. Heidegger und seine Zeit.* München / Wien 1994, S. 393.

113 Siehe dazu: Paul Celan: *La Bibliothèque philosophique. Catalogue raisonné des annotations établi.* Hrsg. von Alexandra Richter, Patrik Alac und Bertrand Badiou. Paris 2004.

114 Martin Heidegger: Wozu Dichter? In: ders.: *Holzwege.* Frankfurt am Main 1950, S. 286.

115 Martin Heidegger: *Sein und Zeit.* 10., unveränd. Aufl. Tübingen 1963, S. 38 (im Original kursiv).

116 Ingeborg Bachmann: Brief an ihre Eltern vom 02.02. 1948. Zit. nach: McVeigh, Joseph: *Ingeborg Bachmanns Wien 1946 – 1953.* Berlin 2016, S. 42.

117 Ingeborg Bachmann [1949]: *Die kritische Aufnahme der Existentialphilosophie Martin Heideggers.* Dissertation Universität Wien. Hrsg. von Robert Pichl. München / Zürich 1985, S. 115.

118 Ebd., S. 116 f.

119 Martin Heidegger: Der Ursprung des Kunstwerks. In: ders.: *Holzwege.* Frankfurt am Main 1950, S. 25.

120 GW 2, S. 89.

121 Ossip Mandelstamm: Der Hufeisen-Finder (ins Deutsche übersetzt von Paul Celan). In: Paul Celan: GW 5, S. 133.

122 Siehe Paul Celan: *Die Gedichte.* Neue kommentierte Gesamtausgabe. Hrsg. von Barbara Wiedemann. Berlin 2018, S. 885.

123 Martin Heidegger: Der Ursprung des Kunstwerks, a. a. O., S. 62.

124 GW 3, S. 195.

125 Ebd., S. 197 und 200.

126 Ebd., S. 196.

127 Ebd., S. 186.

128 Heidegger: *Sein und Zeit,* a. a. O., S. 384.

129 Clemens Podewils: Namen. Ein Vermächtnis Paul Ce-
     lans. In: *Ensemble* 2. München 1971 (= Internationales
     Jahrbuch für Literatur), S. 70.

130 Gerhart Baumann, a. a. O., S. 60.

131 GW 2, S. 255 f.

132 Zit. nach: Axel Gellhaus: *»seit ein Gespräch wir sind«.*
     Paul Celan bei Martin Heidegger in Todtnauberg. Mar-
     bach am Neckar 2002 (= Spuren 60), S. 5.

133 GW 1, S. 255.

134 Zit. nach: Gellhaus: a. a. O., S. 3.

135 Martin Heidegger: Hölderlin und das Wesen der Dich-
     tung. In: ders.: *Erläuterungen zu Hölderlins Dichtung.*
     4. Aufl. Frankfurt am Main 1971, S. 38.

136 Celan / Celan-Lestrange, a. a. O., Band 1, S. 479

137 Stephan Krass: »wir haben Vieles einander zugeschwie-
     gen«. Ein unveröffentlichter Brief von Martin Heidegger
     an Paul Celan. In: *Neue Zürcher Zeitung,* 3. / 4. 01. 1997.

138 Zit. nach: Gellhaus: a. a. O., S. 15.

139 Monika Reichert: Auch Joyce saß mit am Tisch oder das
     Lämpchen im Eisschrank. Aus den Erinnerungen einer
     Gastgeberin. Frankfurt am Main 2015, S. 33 f.

140 GW 2, S. 128.

141 Zit. nach: Pierre Bertaux: *Friedrich Hölderlin. Eine Bio-*
     grafie. Frankfurt am Main 2000, S. 88.

142 Zit. nach: ebd., S. 89.

143 Christoph Schwerin: Bitterer Brunnen des Herzens. Erin-
     nerung an Paul Celan. In: *Der Monat* 179 (1981), S. 81

144 Paul Celan: *»Mikrolithen sinds, Steinchen.« Die Prosa*
     aus dem Nachlass. Hrsg. von Barbara Wiedemann und
     Bertrand Badiou. Frankfurt am Main 2005, S. 138.

145 Martin Heidegger: Hölderlin und das Wesen der Dich-
     tung, a. a. O., S. 34.

146 Martin Heidegger: Wozu Dichter?, a.a.O., S. 295.

147 Martin Heidegger, Hölderlin und das Wesen der Dichtung, a.a.O., S. 47.

148 Ebd., S. 46 f. Das Hölderlin-Zitat stammt aus der Hymne *In lieblicher Bläue.*

149 GW 3, S. 186.

150 GW 3, S. 197.

151 Martin Heidegger: Was heißt Denken? In: ders.: *Vorträge und Aufsätze.* Pfullingen 1954, S. 138.

152 Ebd., S. 137.

153 Friedrich Hölderlin: Andenken. In: ders. [1963]: *Werke, Briefe, Dokumente.* Nach dem Text der von Friedrich Beissner besorgten Kleinen Stuttgarter Hölderlin-Ausgabe. Ausgewählt und mit einem Nachweis versehen von Pierre Bertaux. 4., rev. u. erw. Aufl. München 1990, S. 193.

154 Martin Heidegger: »Andenken«. In: ders.: *Erläuterungen zu Hölderlins Dichtung,* a.a.O., S. 83 f.

155 GW 1, S. 121.

156 Siehe dazu ausführlich: Robert André, a.a.O., S. 151 ff., sowie: Anja Lemke: *Konstellation ohne Sterne. Zur poetischen und geschichtlichen Zäsur bei Martin Heidegger und Paul Celan.* München 2002, S. 425 ff.

157 Friedrich Hölderlin: Mnemosyne. In: Hölderlin, a.a.O., S. 196.

158 Siehe Robert André, a.a.O., S. 224.

159 Heidegger: Wozu Dichter?, a.a.O., S. 293.

160 »*Fremde Nähe«. Celan als Übersetzer,* a.a.O., S. 398.

161 Jean Bollack: *Herzstein. Über ein unveröffentlichtes Gedicht von Paul Celan.* München / Wien 1993, S. 11.

162 GW 1, S. 226.

163 Walter Jens: Leichtfertige Vorwürfe gegen einen Dichter. Ein abschließend klärendes Wort zu der von Claire Goll

behaupteten Abhängigkeit Paul Celans von Ivan Goll. In: *Die Zeit,* 09.06.1961.

164 Friedrich Hölderlin: Der Rhein. In: Hölderlin, a.a.O., S.150.

165 Christoph Theodor Schwab: *Hölderlins Leben. Nach der Ausgabe letzter Hand von 1874.* Hrsg. von Werner Schauer. München 2003, S.72.

166 GW 3, 188 ff.

167 Georg Büchner: Woyzeck. In: *Werke und Briefe.* Nach der historisch-kritischen Ausgabe von Werner R. Lehmann. München 1980, S.171 f.

168 Georg Büchner: Lenz. In: *Werke und Briefe,* a.a.O., S.69.

169 GW 3, S.195.

170 Friedrich Hölderlin:, Brief an Friedrich Wilmans vom Dezember 1803. In: Hölderlin, a.a.O., S.792.

171 Zit. nach: Celan-Handbuch, a.a.O., S.295.

172 GW 3, S.108.

173 Helmut Böttiger: *Doppelleben. Literarische Szenen aus Nachkriegsdeutschland.* Unter Mitarbeit von Lutz Dittrich. Bd.1: Begleitbuch zur Ausstellung. Göttingen/Darmstadt 2009, S.131.

174 Heinrich Vormweg: *Der andere Deutsche. Heinrich Böll.* Eine Biographie. Köln 2000, S.134.

175 Heinrich Böll: *Der Zug war pünktlich* (1949). Frankfurt am Main/Berlin 1964, S.41.

176 Heinrich Böll: Auferstehung des Gewissens. In: *Kölnische Rundschau,* 15.06.1954.

177 Zit. nach: Paul Celan: *Briefwechsel mit den rheinischen Freunden. Heinrich Böll, Paul Schallück und Rolf Schroers.* Hrsg. von Barbara Wiedemann. Berlin 2011, S.655.

178 Ebd., S.349.

179 Ebd., S.358.

180 Ebd.

181 Eba., S. 359.

182 Paul Celan; Gisela Dischner: Briefwechsel, a. a. O., S. 132.

183 Ebd., S. 45.

184 Ebd., S. 94.

185 Paul Celan; Ingeborg Bachmann, a. a. O., S. 117.

186 Ebd., S. 118.

187 Ebd.

188 Paul Celan: Briefwechsel mit den rheinischen Freunden, a. a. O., S. 351.

189 Ebd., S. 353.

190 Ebd., S. 360.

191 Helmut Peitsch: Der Soldat als Mörder – eine »Kunstfigur«? Zum »Fall Schroers« 1959 / 60. In: *Bestandsaufnahme. Studien zur Gruppe 47.* Hrsg. von Stephan Braese. Berlin 1999, S. 266.

192 Ebd., S. 265.

193 So Isolde Kolbenhoff. Siehe ebd., S. 260.

194 Ebd.

195 Paul Celan; Gisèle Celan-Lestrange, a. a. O., S. 24.

196 Paul Celan: *Briefwechsel mit den rheinischen Freunden,* a. a. O., S. 29.

197 Zit nach: Gersdorff, a. a. O., S. 211.

198 Ebd., S. 74.

199 Schlusswort des Reichsgruppenwalters Staatsrat Prof. Dr. Carl Schmitt in: *Das Judentum in der Rechtswissenschaft.* Ansprachen, Vorträge und Ergebnisse der Tagung der Reichsgruppe Hochschullehrer des NSRB am 3. und 4. Oktober 1936. Bd. 1: Die deutsche Rechtswissenschaft im Kampf gegen den jüdischen Geist. Berlin 1936, S. 34.

200 Paul Celan: *Briefwechsel mit den rheinischen Freunden,*
a. a. O., S. 143.

201 Ebd., S. 125.

202 Ebd., S. 178.

203 Ebd., S. 228 ff.

204 Ebd., S. 453.

205 Ebd.

206 Ebd., S. 452.

207 Ebd.

208 Martin Mosebach: Fräulein Laura wollte niemand hören.
Rede über den deutschen Roman. In: *FAZ,* 21. 09. 2011.

209 Hans Werner Richter: *Briefe.* Hrsg. von Sabine Cofalla.
München / Wien 1997, S. 262.

210 Klaus Briegleb hat 2003 in einer Polemik eine interessante Form von Rabulistik vorgeführt. Er ordnete die
Gruppe 47 mit vielen rhetorischen Schlenkern so eindeutig dem Antisemitismus zu, dass die Verhältnisse in den
fünfziger Jahren völlig umgekehrt erscheinen. In Wahrheit gehörte, das ist durch die zeitgenössischen Quellen
nicht zu widerlegen, die Gruppe 47 zu den am wenigsten
antisemitischen Foren in der davon verseuchten frühen
Adenauer-Zeit, und Juden wie Wolfgang Hildesheimer
oder Erich Fried zählten nicht einfach durch Zufall früh
zu Hans Werner Richters ausgesprochenen Freunden.
Siehe dazu Klaus Briegleb: *Missachtung und Tabu. Eine
Streitschrift zur Frage: »Wie antisemitisch war die Gruppe
47?«.* Berlin / Wien 2003.

211 Peitsch, a. a. O., S. 263.

212 Rolf Schroers: Gruppe 47 und die deutsche Nachkriegs-
literatur. In: *Die Gruppe 47. Bericht, Kritik, Polemik. Ein
Handbuch.* Hrsg. von Reinhard Lettau. Neuwied / Berlin
1967, S. 380 und 388.

213 Ebd., S. 376 f.

214 Günter Grass; Dieter Stolz; Claus-Ulrich Bielefeld: »Der Autor und sein verdeckter Ermittler« – ein Gespräch. In: *Sprache im technischen Zeitalter* 139 (1996), S. 306 f.

215 Arno Barnert: Eine »herzgraue« Freundschaft. Der Briefwechsel zwischen Paul Celan und Günter Grass. In: *Textkritische Beiträge* 9 (2004), S. 65–127, hier S. 86.

216 Ebd., S. 98.

217 Zit. nach: ebd., S. 73.

218 Günter Grass: *Hundejahre. Roman.* Neuwied am Rhein / Berlin 1963, S. 669.

219 Zit. nach: Barnert, a. a. O., S. 69.

220 Paul Celan; Rudolf Hirsch: Briefwechsel. Hrsg. von Joachim Seng. Frankfurt am Main 2004, S. 98.

221 Barnert, a. a. O., S. 112 ff.

222 Paul Celan; Gisela Dischner, a. a. O., S. 23.

223 Die folgenden Zitate stammen aus einer Mitschrift des Verfassers vom Februar 1995 im Freiburger Hörsaal 1015.

224 »Im Reich der mittleren Dämonen«. Paul Celan in Freiburg und sein Briefwechsel mit Gerhart Baumann. Hrsg. von Arno Barnert, Chiara Caradonna und Annika Stello. In: *Textkritische Beiträge* 15 (2015), S. 15–115.

225 Ebd., S. 46.

226 Gerhard Neumann: *Selbstversuch.* Freiburg im Breisgau / Berlin / Wien 2018, S. 17.

227 Ebd., S. 32 f.

228 Ebd., S. 34.

229 Ebd., S. 74 ff.

230 Gerhard Neumann: Die »absolute« Metapher. Ein Abgrenzungsversuch am Beispiel Stéphane Mallarmés und Paul Celans. In: *Poetica* 3 (1970), S. 188–225.

231 Neumann: *Selbstversuch,* a. a. O., S. 13 f.

232 Siehe Anm. 5.

233 Ingeborg Bachmann: Frankfurter Vorlesungen: Probleme zeitgenössischer Dichtung. In: dies.: *Werke*. Hrsg. von Christine Koschel, Inge von Weidenbaum und Clemens Münster. Bd. 4. München 1982, S. 216.

234 Neumann: *Selbstversuch*, a. a. O., S. 303.

235 Zit. nach Christoph Schwerin, a. a. O., S. 74.

236 Neumann: *Selbstversuch*, a. a. o., S. 302.

237 Mündliche Mitteilung von Peter Hamm.

238 Neumann: *Selbstversuch*, a. a. O., S. 321 ff.

239 Über Paul Celan. Hrsg. von Dietlind Meinecke. Frankfurt am Main 1970, S. 30.

Ausgewähltes Literaturverzeichnis

1) Paul Celan

– : *Gesammelte Werke (GW). In fünf Bänden.* Hrsg. von Beda Allemann und Stefan Reichert. Frankfurt am Main 1983.

– : *Das Frühwerk.* Hrsg. von Barbara Wiedemann. Frankfurt am Main 1989.

– : *Die Gedichte aus dem Nachlass.* Hrsg. von Bertrand Badiou, Jean-Claude Rambach und Barbara Wiedemann. Frankfurt am Main 1997.

– : *Mikrolithen sinds, Steinchen. Die Prosa aus dem Nachlass.* Hrsg. von Barbara Wiedemann und Bertrand Badiou. Frankfurt am Main 2005.

– : *Werke.* Hrsg. von Jürgen Wertheimer. Tübinger Ausgabe. Frankfurt am Main 1996–2004.

– : *Die Gedichte.* Kommentierte Gesamtausgabe. Hrsg. von Barbara Wiedemann. Frankfurt am Main 2003.

– : *La Bibliothèque philosophique. Catalogue raisonné des annotations établi.* Hrsg. von Alexandra Richter, Patrik Alac und Bertrand Badiou. Paris 2004.

– : *»Fremde Nähe«. Celan als Übersetzer.* Ausstellungskatalog. Hrsg. von Axel Gellhaus [u. a.]. Marbach am Neckar 1997.

– : *Die Goll-Affäre. Dokumente zu einer »Infamie«.* Hrsg. von Barbara Wiedemann. Frankfurt am Main 2000.

– : Briefwechsel mit Theodor W. Adorno. Hrsg. von Joachim Seng. In: *Frankfurter Adorno Blätter* 8 (2003), S. 177–202.

- ; Bachmann, Ingeborg: *Herzzeit. Briefwechsel.* Hrsg. von Bertrand Badiou, Hans Höller, Andrea Stoll et al. Frankfurt am Main 2008.

- : »Im Reich der mittleren Dämonen«. Paul Celan in Freiburg und sein Briefwechsel mit Gerhart Baumann. Hrsg. von Arno Barnert, Chiara Caradonna und Annika Stello. In: *Textkritische Beiträge* 15 (2015), S. 15–115.

- : *Briefe an Hans Bender.* Hrsg. von Volker Neuhaus, unter redaktioneller Mitarbeit von Ute Heimbüchel. München 1981.

- : Brief an Hans Bender. In: *Mein Gedicht ist mein Messer. Lyriker zu ihren Gedichten.* Hrsg. von Hans Bender. München 1961.

- : *Briefwechsel mit den rheinischen Freunden. Heinrich Böll, Paul Schallück und Rolf Schroers.* Hrsg. von Barbara Wiedemann. Berlin 2011.

- : *Briefwechsel mit Gisèle Celan-Lestrange.* Hrsg. von Bertrand Badiou, Frankfurt am Main 2001.

- : Chomed, Gustav: *Paul Celan und Gustav Chomed. »Ich brauche Deine Briefe«.* Hrsg. von Jürgen Köchel und Barbara Wiedemann. Berlin 2010.

- : *Briefwechsel. Klaus und Nani Demus.* Hrsg. von Joachim Seng. Frankfurt am Main 2009.

- ; Dischner, Gisela: *Wie aus weiter Ferne zu Dir. Briefwechsel.* Hrsg. von Barbara Wiedemann. Berlin 2012.

- : Eine »herzgraue« Freundschaft. Der Briefwechsel zwischen Paul Celan und Günter Grass. Hrsg. von Anton Barnert. In: *Textkritische Beiträge* 9 (2004), S. 65–127.

- ; Hirsch, Rudolf: *Briefwechsel.* Hrsg. von Joachim Seng. Frankfurt am Main 2004.

- : In Dankbarkeit und Verehrung. Hilfe kommt aus Wilfingen: Ein Brief von Paul Celan an Ernst Jünger wurde im

Marbacher Literaturarchiv entdeckt. Von Tobias Wimbauer. In *FAZ*, 08. 01. 2005.

– : »*Du musst versuchen, auch den Schweigenden zu hören*«. *Briefe an Diet Kloos-Barendregt*. Hrsg. von Paul Sars. Frankfurt am Main 2002.

– : Solomon, Petre: Briefwechsel mit Paul Celan 1957–1962. In: *Neue Literatur* 32 / 11 (1981), S. 60–80.

2) Sonstige Texte und Quellen

Adorno, Theodor W.: Kulturkritik und Gesellschaft. In: ders.: *Gesammelte Schriften*. Hrsg. von Rolf Tiedemann. Bd. 10.1. Frankfurt am Main 1977.

– : *Negative Dialektik*. Frankfurt am Main 1966.

– : *Ästhetische Theorie*. Frankfurt am Main 1970.

Allemann, Beda: Max Rychner – Entdecker Paul Celans. Aus den Anfängen der Wirkungsgeschichte Celans im deutschen Sprachbereich. In: »*Wir tragen den Zettelkasten mit den Steckbriefen unserer Freunde*«. *Acta-Band zum Symposion* »*Beiträge jüdischer Autoren zur deutschen Literatur seit 1945*«. Hrsg. von Jens Stüben und Winfried Woesler. Darmstadt 1994.

André, Robert: *Gespräche von Text zu Text. Celan – Heidegger – Hölderlin*. Hamburg 2001.

Bachmann, Ingeborg [1949]: *Die kritische Aufnahme der Existentialphilosophie Martin Heideggers*. Dissertation Universität Wien. Hrsg. von Robert Pichl. München / Zürich 1985.

– : Frankfurter Vorlesungen: Probleme zeitgenössischer Dichtung. In: dies.: *Werke*. Hrsg. von Christine Koschel, Inge von Weidenbaum und Clemens Münster. Bd. 4. München 1982.

Baumann, Gerhart: *Erinnerungen an Paul Celan*. Frankfurt am Main 1986.

Baumgart, Reinhard: Unmenschlichkeit beschreiben. Weltkrieg und Faschismus in der Literatur. In: *Merkur* 19 (1965).

Bertaux, Pierre: *Friedrich Hölderlin. Eine Biografie.* Frankfurt am Main 2000.

Blöcker, Günter: Gedichte als graphische Gebilde. In: *Der Tagesspiegel*, 11. 10. 1959.

– : Rückkehr zur Nabelschnur. In: FAZ, 28. 11. 1959.

Böll, Heinrich: *Der Zug war pünktlich* (1949). Frankfurt am Main / Berlin 1964.

– : Auferstehung des Gewissens. In: *Kölnische Rundschau*, 15. 04. 1954.

Böttiger, Helmut: *Orte Paul Celans*. Wien 1996.

– : *Doppelleben. Literarische Szenen aus Nachkriegsdeutschland.* Unter Mitarbeit von Lutz Dittrich. Bd. 1: Begleitbuch zur Ausstellung. Göttingen / Darmstadt 2009.

– : *Die Gruppe 47. Als die deutsche Literatur Geschichte schrieb.* München 2012.

– : *Wir sagen uns Dunkles. Die Liebesgeschichte zwischen Ingeborg Bachmann und Paul Celan.* München 2017.

Bollack, Jean: Herzstein. *Über ein unveröffentlichtes Gedicht von Paul Celan.* München 1993.

– : Vor dem Gericht der Toten. Paul Celans Begegnung mit Martin Heidegger und ihre Bedeutung. In: *Neue Rundschau* 1 (1998).

Briegleb, Klaus: *Missachtung und Tabu. Eine Streitschrift zur Frage: »Wie antisemitisch war die Gruppe 47?«.* Berlin / Wien 2003.

Büchner, Georg: *Werke und Briefe.* Nach der historisch-kritischen Ausgabe von Werner R. Lehmann. München 1980.

Buhr, Gerhard: *Celans Poetik.* Göttingen 1976.

Chalfen, Israel: *Paul Celan. Eine Biographie seiner Jugend.* Frankfurt am Main 1979.

Dürrenmatt, Friedrich: *Stoffe. Turmbau.* Bd. 4–9. Zürich 1990.

Eisenreich, Brigitta: *Celans Kreidestern. Ein Bericht.* Berlin 2010.

Engel, Peter: Die Sekunde des Umschlags. Die Niendorfer Tagung der »Gruppe 47«. In: *Neue Zürcher Zeitung,* 06. 09. 1997.

Fantappiè, Irene: Nelly Sachs, Paul Celan, Inge Waern. Aktualisierung und Gedächtnis. In: *Weibliche jüdische Stimmen deutscher Lyrik aus der Zeit von Verfolgung und Exil.* Hrsg. von Chiara Conterno und Walter Busch. Würzburg 2012.

Felstiner, John: *Paul Celan. Eine Biographie.* München 1997.

France-Lenord, Hadrien: *Paul Celan und Martin Heidegger. Vom Sinn eines Gesprächs.* Freiburg 2007.

Fröschle, Ulrich: Neugier auf Gegenpole. Eine andere Sicht auf Celans Brief an Jünger. In: *FAZ,* 24. 01. 2005.

Gellhaus, Axel: *»seit ein Gespräch wir sind«. Paul Celan bei Martin Heidegger in Todtnauberg.* Marbach am Neckar 2002 (= Spuren 60).

– : *Erinnerung an schwimmende Hölderlintürme. Paul Celan Tübingen, Jänner.* Marbach 1993.

Gersdorff, Dagmar von: *Marie Luise Kaschnitz. Eine Biographie.* Frankfurt am Main / Leipzig 1992.

Gnielka, Thomas: *Die Geschichte einer Klasse. Als Kindersoldat in Auschwitz.* Romanfragment. Hrsg. von Kerstin Gnielka. Hamburg 2014.

– : Deutsche Literaturmesse 1952. »Gruppe 47« tagte im Ostseebad Niendorf. In: *Der Tagesspiegel,* 08. 06. 1952.

»Displaced«. Paul Celan in Wien 1947–1948. Hrsg. von Peter Goßens und Marcus G. Patka. Frankfurt am Main 2001.

Grass, Günter: *Hundejahre. Roman.* Neuwied / Berlin 1963.

– ; Stolz, Dieter; Bielefeld, Claus-Ulrich: »Der Autor und sein verdeckter Ermittler« – ein Gespräch. In: *Sprache im technischen Zeitalter* 139 (1996).

Günther, Joachim: Siedlung in Nadaland. »Fadensonnen« – Paul Celans neuer Gedichtband. In: *Der Tagesspiegel*, 27.10.1968.

Günzel, Elke: *Das wandernde Zitat. Paul Celan im jüdischen Kontext.* Würzburg 1995.

Paul Celan. Hrsg. von Werner Hamacher und Winfried Menninghaus. Frankfurt am Main 1988.

Hamm, Peter: Das Leben hat die Gnade, uns zu zerbrechen. Zum Briefwechsel Nelly Sachs / Paul Celan. In: *Die Zeit*, 8.10.1993.

Heidegger, Martin [1927]: *Sein und Zeit.* 10., unveränd. Aufl. Tübingen 1963.

– : Was ist Metaphysik? In: ders.: *Wegmarken.* Frankfurt am Main 1976.

– : Der Ursprung des Kunstwerks. In: ders.: *Holzwege.* Frankfurt am Main 1950.

– : Wozu Dichter? In: ders.: *Holzwege.* Frankfurt am Main 1950.

– : Was heißt Denken? In: ders.: *Vorträge und Aufsätze.* Pfullingen 1954.

– : *Erläuterungen zu Hölderlins Dichtung.* 4. Aufl. Frankfurt am Main 1971.

Hölderlin, Friedrich [1963]: *Werke, Briefe, Dokumente.* Nach dem Text der von Friedrich Beissner besorgten Kleinen Stuttgarter Hölderlin-Ausgabe. Ausgewählt und mit einem Nachweis versehen von Pierre Bertaux. 4., rev. u. erw. Auflage. München 1990.

Hohoff, Curt: *Geist und Ursprung: Zur modernen Literatur.* München 1954.

Holthusen, Hans Egon: *Der unbehauste Mensch. Motive und Probleme der modernen Literatur.* München 1951.

– : *Ja und Nein. Neue kritische Versuche.* München 1954.

– : Das verzweifelte Gedicht. »Die Niemandsrose« – nach vier Jahren ein neuer Lyrikband von Paul Celan. In: *FAZ,* 02. 05. 1964.

Janz, Marlies: *Vom Engagement absoluter Poesie. Zur Lyrik und Ästhetik Paul Celans.* Königstein 1976.

Jens, Walter: Leichtfertige Vorwürfe gegen einen Dichter. Ein abschließend klärendes Wort zu der von Claire Goll behaupteten Abhängigkeit Paul Celans von Ivan Goll. In: *Die Zeit,* 09. 06. 1961.

Jünger, Ernst: Auf den Marmorklippen. In: ders.: *Sämtliche Werke.* Bd. 15, Stuttgart 1999.

Kittner, Alfred: Erinnerungen an den jungen Paul Celan. In: *Zeitschrift für Kulturaustausch* 3 (1982).

Koelle, Lydia: *Paul Celans pneumatisches Judentum. Gott-Rede und menschliche Existenz nach der Shoah.* Mainz 1997.

Krass, Stephan: »wir haben Vieles einander zugeschwiegen«. Ein unveröffentlichter Brief von Martin Heidegger an Paul Celan. In: *Neue Zürcher Zeitung,* 03. / 04. 01. 1997.

Lemke, Anja: *Konstellation ohne Sterne. Zur poetischen und geschichtlichen Zäsur bei Martin Heidegger und Paul Celan.* München 2002.

Die Gruppe 47. Bericht, Kritik, Polemik. Ein Handbuch. Hrsg. von Reinhard Lettau. Neuwied / Berlin 1967.

Lyon, James K.: *Paul Celan and Martin Heidegger. An Unresolved Conversation, 1951–1970.* Baltimore 2006.

Celan-Handbuch. Leben – Werk – Wirkung. Hrsg. von Markus May, Peter Goßens und Jürgen Lehmann. Stuttgart / Weimar 2012.

Mayer, Hans: *Ein Deutscher auf Widerruf. Erinnerungen* II. Frankfurt am Main 1984.

Alexander Moissi. Ein Schauspieler als Schnittfläche der Klassischen Moderne. Hrsg. von Mathias Mayer und Marco Holubarsch. Baden-Baden 2018.

McVeigh, Joseph: *Ingeborg Bachmanns Wien 1946 – 1953.* Berlin 2016.

Meidinger-Geise, Inge: *Perspektiven deutscher Dichtung.* Nürnberg 1959.

Über Paul Celan. Hrsg. von Dietlind Meinecke. Frankfurt am Main 1970.

Menninghaus, Winfried: *Paul Celan. Magie der Form.* Frankfurt am Main 1980.

Mosebach, Martin: Fräulein Laura wollte niemand hören. Rede über den deutschen Roman. In: *FAZ,* 21.09.2011.

Neumann, Gerhard: Die »absolute« Metapher. Ein Abgrenzungsversuch am Beispiel Stéphane Mallarmés und Paul Celans. In: *Poetica* 3 (1970).

– : *Selbstversuch.* Freiburg im Breisgau / Berlin / Wien 2018.

Peitsch, Helmut: Der Soldat als Mörder – eine »Kunstfigur«? Zum »Fall Schroers« 1959 / 60. In: *Bestandsaufnahme. Studien zur Gruppe 47.* Hrsg. von Stephan Braese. Berlin 1999.

Piontek, Heinz: Celan, Paul. Mohn und Gedächtnis. In: *Welt und Wort* 8 (1953).

Podewils, Clemens: Namen. Ein Vermächtnis Paul Celans. In: *Ensemble* 2. München 1971 (= Internationales Jahrbuch für Literatur).

Pöggeler, Otto: »Ach, die Kunst!« Die Frage nach dem Ort der Dichtung. In: *Der Mensch und die Künste. Festschrift für Heinrich Lützeler zum 60. Geburtstage.* Düsseldorf 1962.

Reichert, Monika: *A*uch Joyce saß mit am Tisch oder das Lämpchen im Eisschrank. Aus den Erinnerungen einer Gastgeberin. Frankfurt am Main 2015.

Richter, Hans Werner: *Briefe.* Hrsg. von Sabine Cofalla. München / Wien 1997.

– : *Mittendrin. Die* Tagebücher *1966–1972.* München 2012.

Rühmkorf, Peter: Das lyrische Weltbild der Nachkriegsdeutschen. In: *Bestandsaufnahme. Eine deutsche Bilanz 1962.* Hrsg. von Hans Werner Richter. München 1962.

– : *Offener Brief an verschiedene Zeitungsredaktionen,* 27. 11. 2000.

Safranski, Rüdiger: *Ein Meister aus Deutschland. Heidegger und seine Zeit.* München / Wien 1994.

Sanders, Rino: Ein neuer deutscher Lyriker. In: *Die Zeit,* 18. 06. 1953.

Sarkowicz, Hans; Mentzer, Alf: *Literatur in Nazi-Deutschland. Ein biografisches Lexikon.* Hamburg 2002.

Schaper, Rüdiger: *Moissi. Triest – Berlin – New York, Eine Schauspielerlegende.* Berlin 2000.

Schwab, Christoph Theodor: *Hölderlins Leben. Nach der Ausgabe letzter Hand von 1874.* Hrsg. von Werner Schauer. München 2003.

Schmitt, Carl: Schlusswort. In: *Das Judentum in der Rechtswissenschaft.* Bd. 1: Die deutsche Rechtswissenschaft im Kampf gegen den jüdischen Geist. Berlin 1936.

Schwerin, Christoph: Bitterer Brunnen des Herzens. Erinnerung an Paul Celan. In: *Der Monat* 179 (1981).

Sieburg, Friedrich: Kriechende Literatur. In: *Die Zeit,* 14. 08. 1952.

– : Literarischer Unfug. In: *Die Gegenwart,* 13. 09. 1952.

– : *Paul Celan – Edith Silbermann. Zeugnisse einer Freundschaft*. Hrsg. von Edith Silbermann und Amy-Diana Colin. München 2010.

Solomon, Petre [1987]: *Paul Celan. L'Adolescence d'un Adieu*. Castelnau-le-Lez 1990.

– : Paul Celans Bukarester Aufenthalt. In: *Neue Literatur* 11 (1980).

Szondi, Peter: *Celan-Studien*. Frankfurt am Main 1972.

Vormweg, Heinrich: *Der andere Deutsche. Heinrich Böll*. Eine Biographie. Köln 2000.

Voswinckel, Klaus: »Die Niemandsrose« – eine Wiederbegegnung. In: *Celan wiederlesen*. Hrsg. von Jan-Christopher Horak, Richard Moering und Klaus Voswinckel et al. München 1998, S. 17–50.

Welling, Florian: *»Vom Anblick der Amseln«. Paul Celans Kafka-Rezeption*. Göttingen 2019.

Weinrich, Harald: Linguistische Bemerkungen zur modernen Lyrik. In: *Akzente* 15 (1968).

Weyrauch, Wolfgang: Paul Celan, »Todesfuge«. In: *Mein Gedicht. Begegnungen mit deutscher Lyrik*. Hrsg. von Dieter E. Zimmer. Wiesbaden 1961.

In der Sprache der Mörder. Eine Literatur aus Czernowitz, Bukowina. Ausstellungsbuch. Hrsg. von Ernest Wichner und Herbert Wiesner. Berlin 1993.

Register

Verlag Kiepenheuer & Witsch, FSC-N001512

1. Auflage 2020

Verlag Galiani Berlin
© 2020, Verlag Kiepenheuer & Witsch, Köln
Alle Rechte vorbehalten.
Kein Teil des Werkes darf in irgendeiner Form
(durch Fotografie, Mikrofilm oder ein anderes Verfahren)
ohne schriftliche Genehmigung des Verlages
reproduziert oder unter Verwendung elektronischer Systeme
verarbeitet, vervielfältigt oder verbreitet werden.
Covergestaltung Manja Hellpap und
Lisa Neuhalfen, Berlin
Covermotiv © Renate Mangoldt
Autorenfoto © Cordula Giese
Lektorat Wolfgang Hörner
Gesetzt aus der Garamond Premier
Satz Wilhelm Vornehm, München
Druck & Bindung GGP Media GmbH, Pößneck
ISBN 978-3-86971-212-3

Weitere Informationen zu unserem Programm
finden Sie unter *www.galiani.de*

»Ein spannendes Stück
Mentalitätsgeschichte.«
Tagesspiegel

Gebunden, 384 Seiten

Dass *Mein Kampf* millionenfach in den Regalen der Deutschen stand,
dass Soldatenwitzbücher gut gingen, es überrascht nicht – doch
Christian Adam zeigt, dass auch Huxley, Saint-Exupéry und Bergengruen
durchaus gelesen und gekauft wurden. Adam schreibt die Geschichte
der Bestseller in der düstersten Epoche der deutschen Vergangenheit,
und öffnet damit einen neuen Blickwinkel auf die Mentalität der
Deutschen zwischen 1933 und 1945.

www.galiani.de

Der Kampf um Bücher
und Bewusstsein

Gebunden, 420 Seiten

Der Traum vom Jahre Null? Christian Adam lässt ihn platzen!
Bücher als ideologische Waffen, Verleger, die zu Spionen werden:
Adams genau recherchierte Geschichten um Autoren, Bücher
und Leser in der Nachkriegszeit führen uns die deutsch-deutsche
Nachkriegsgesellschaft und ihren Umgang mit Erblast und
Visionen so klar vor Augen wie selten zuvor.

www.galiani.de

Preisgekrönt und atemberaubend: Mark Schaevers' Buch über das Leben und Werk von Felix Nussbaum

Gebunden, 480 Seiten

»Ein Buch wie ein Brennglas. Mark Schaevers ist in die entlegensten Archivecken und Erinnerungen von Zeitgenossen gezogen, um das tragische Schicksal Felix Nussbaums erzählen zu können.« *Cees Noteboom*

»Ein Must read – für alle, die ein deutsches Malerleben auf eine Weise erzählt bekommen wollen, wie man sie in Deutschland kaum kennt.« *Deutschlandradio Kultur*

www.galiani.de